# アイヌのイタクタクサ

## 言葉の清め草

萱野茂
KAYANO Shigeru

冬青社

# まえがき

歳を取ってから書く文章は二番煎じが多くなり鼻に付くものだから注意するようにと、親しくしているある先輩からそれとなく言われたことがありました。

それを覚えていたので、この原稿を頼まれたときに正直言って気が進まなかったので、何年も構わずにいたのですが、前任の編集者吉満明子さんや現編集者小川史乃さんの熱意に負けてしまいました。

その折り、出版社から題材、項目について注文があり、それではと書き始めましたがやはり多少の重複は否めません。

平成十二年北海道功労賞を受賞の折りに、妻れい子が夫である茂の側面を、と依頼を受けて書いた「ベレー帽にわらじ履き——妻が見た茂の側面」をこの本の中に収録させていただきました。

創作民話、「穴の空いた丸木舟——エカシの知恵」、この話は少年時代に測量労働者として山を歩き、そのときに年上のアイヌの小父さんが、教えてくれた話を思い起こしながら書きました。

「カムイになったハンカチ」は半分以上は実話ですが、丸木舟の横棒の入れ方を、ハンカチに語らせながらさりげなく若者たちに伝えたいと思って書いたものです。

本の題名に選んだ、アイヌの〝イタㇰタクサ＝言葉の清め草〟で祓い清める、この言葉は私が大好きな言葉で、いままでこの言葉を、この話を大切に暖めていましたがここへ載せました。

アイヌの自然観については、シャケを獲りに行く場合、一緒に行く人を、〝チェプコイキクスアラパアンロー＝魚を苛めに行きましょう〟という言い方で誘います。

山狩りに行くときは、山にいる獲物の総称を、〝チコイキㇷ゚＝私たちが苛めるもの〟、という言い方をするその根底には、魚に対してあるいはシカやクマに、ごめんなさい、私たちアイヌはあなた方を苛めて、その肉を頂戴して命をつないでいるのです、と感謝とお詫びの心を常に忘れないように心掛けているものです。

アイヌ語の面白さ、色のイロいろの項ではどのような描写で色のイロを表現するか、具体的な例を挙げながら並べてみました。

アイヌと神々との関わりについては、樹木それぞれに名前を付けるにも、役に立つ木かそうでないかによって、ありったけの敬称をつけるか、普通の木とするか決めるという具合に、アイヌの側から見る神も、神そのものが絶対的な存在ではなく、役に立つか立たないかによってのもので、神は常にアイヌの目の高さにあるものと考えていました。

この小さな本の中味は、アイヌ民族の心の一断面でありまして、文化の総てでないことは言うまでもありませんが、ほんの少しでも知ってもらえれば望外のしあわせです。

お読み下さった方が、うちの村、二風谷《にぶたに》へ遊びに来て下さることを、心待ちにしつつ、まえがきに代える次第であります。

萱野茂二風谷アイヌ資料館　館長　萱野茂

アイヌのイタㇰタクサ——言葉の清め草——　目次

# 第一章

# アイヌの生き方

## アイヌの自然観

### ∞自然は神さま∞

　アイヌが考える自然とは、山であり、海であり、樹木であり、山川草木を神と崇めていました。その大きな理由はと言うと、アイヌがこれらの自然を食料を蓄えてあるでっかい倉と思っていたことにあります。

　魚を食べたいときはそれ程広くもない網を持って川へ行けば、必要なだけの魚を川の神さまはアイヌに与えてくれます。一回川へ行ってサケを捕ってくると数日分はあったでしょう。そして、川そのものは魚の道でありました。

　肉を食べたいときは、弓と矢と〝イパプケニ＝鹿呼び笛〟を手に持って山へ行き、立ち木の陰に身を隠し鹿笛を吹き鳴らせば、その音を聞いた鹿は闖入者現れるとばかり走って目の前まで来てくれます。弓の矢の射程距離まで来たときに毒矢を一本打ち込みますが、毒矢ですので少し走ってから死にます。狩猟用の道具の性能が抜群に良かったので、足の速い鹿を一日中追い掛ける必要はなかったわけです。平成十四年現在でもアイヌの狩人のうち数人の者が鹿笛を利用している程で、弓矢から村田銃、そしてライフル銃の時代になっても役に立つとは驚きです。

　一頭分のシカ肉があれば家族の多い少ないはあるにしても数日分は食べ物に困らないし、

〃サカンケカム＝干し肉〃にして蓄えて置くと必要なときに出して食べることができました。
アイヌ民族のことを知らない人たちは、北海道というと、クマとアイヌというふうに思われる向きが多いのですが、私の口ぐせで、北海道でアイヌより強いのはクマだけでした。
クマの強さとその利口なこと、恐ろしさを誰よりもよく知っているのがアイヌなので、うかうか近寄ることをしないように細心の注意を払ってクマと対決して共生してきました。
例えばアイヌはクマの足跡を見て、足跡だけで獰猛かどうかを判断しますが、〃イネウレペッ　ウシペ＝四つ爪グマ〃これは人間でいうと小指を薬指に重ねたクマです。このクマは獰猛そのもの、要注意のクマとされているので、この足跡を見ただけで度胸のない狩人は震え上がるものとされています。
また、北海道のヒグマの毛色を描写する場合に、
〃エムコホ　チクイパシオロ　アクシテアーペコロ　エムコホ　チポロペオロ　アクシテアーペコロ〃
「クマの身体半分を　歯で噛んだ消し炭の液に潜らせたような色、身体半分を　シャケの筋子をつぶした液に潜らせたような色」という表現があります。身体の半分は真っ黒、身体の半分は赤い、このような姿のクマは獰猛なので、アイヌの狩人にとっては要注意のクマです。

クマの姿については、〝エペンクワウㇱ＝前足の長いクマ〟このクマに追われたら斜面を登るように走るとクマは後ろへ体がのけ反って、速く走れないものだそうです。逆に、〝エパンクワウㇱ＝後足の長いクマ〟これに追われたら斜面を下るように走ると、クマの体は前のめりになり速く走れないものと言われています。

このようにクマのことをアイヌ民族はよく知っていたわけでありました。

アイヌのクマの捕り方ですが、これまた〝クワリ〟（ク＝弓、アリ＝置く）という仕掛けがあって、クマの通り道の薮の中へ弓を置き、クマの足に糸が引っかかると矢が発射されるようになっています。矢尻には〝スルクカムイ＝トリカブトの神〟の根から取った猛毒を練り込んであるので、少し歩いてから死んでくれますので、皮を剥ぎ矢毒の部分の肉を大人の両手いっぱい分程捨てるだけで残りの肉は食べることができます。

クマは神の国からアイヌのところへ、毛皮という広い風呂敷に食べ物である肉と薬である胆汁を包んで持って来て下さる、着る物、食べ物、薬まで背負って来られた神なのです。

二月に降る雨のことを〝キムンカムイ　ポフライェㇷ゚＝山の神さまの子供を洗う雨〟と言い、この雨を穴クマ狩りの目安として、アイヌの狩人たちは自分だけが知っている穴へ急ぎます。二日か三日前までは腰までの深さがあった雪も、この雨で表面が凍って〝ウカ＝堅雪〟になり、お目当てのクマ穴へ犬と一緒に走るという具合でありました。

親クマを獲ってから穴へ潜り込み生まれたばかりの子グマをつかまえて家へ持ち帰り、一年間育ててから親元へ送り帰す行事、それが世に言う〝イヨマンテ＝クマ送り〟です。

一年間養うと体重が百キロ近くになります。それ以上になると、送るときに力があり過ぎて危険が伴うので、うちの二風谷ではだいたい一年が普通とされています。

アイヌがクマを神と考えた大きな理由の一つは、十二月の吹雪の日を選んで足跡を晦《くら》ませ穴に入り、三月末に走りまわる子グマを連れて穴から出てくるのを見て、これは正に神業と思ったことでありましょう。

〝イヨマンテ＝クマ送り〟には、神の国からの客として、自分たちが食べる以上に美味しい食べ物を食べさせ、アイヌの村の楽しさを神の国へ持って帰って吹聴してもらいたいという願いが込められていたものです。

## ∞カムイチェプ――神さまからの贈り物∞

アイヌの主食は何でしょうかと聞かれたら、ひょっとしたらクマの肉と答える人がいるかもしれませんが、それは間違いで、主食という言葉にあてはまるのはシャケです。

シャケのことを、シエペ、しゃべるときはシペになりますが、〝シ＝本当に、エ＝食べる、ペ＝物〟という言い方で、シャケこそアイヌの本当の食べ物、主食としてきました。

そこで、アイヌのシャケの獲り方ですが、八月から十月中旬頃まではその日に食べるのに必要な分だけを獲ってきて、保存用にたくさん獲るのは産卵が終わった十月中頃から十一月です。

その頃になると産卵が終わって油っ気はありませんが、保存のためにはこの季節のシャケが最も良く、産卵が終わっているので四年後にはその子どもたちが必ず戻ってくることをアイヌは知っていました。

したがって、アイヌが川を管理していた時代はシャケが減ることもなく、上流でシャケの来るのを待っているキツネにカラスにクマにフクロウにアイヌに、それぞれに十分行き渡っていました。

ところで、日本人が〝アイヌモシㇼ＝北海道〟へ侵略を始めてから最初にやったことは、アイヌ民族の主食であるシャケを捕ることを禁止した、恐ろしい法律をつくることでした。

後から来た人でも頭数が多ければ、多数決という言い方で先住民族の生きる権利の全てを奪い取るとはなんとひどいことでしょうか。

この言葉を何十年言い続け、書き続けても反応がないのは、日本人は日本語を忘れ日本の字を読めなくなったのかなあーと、思うこともあるほどです。

参考までに、平成十年のシャケの捕獲量を言うと、北海道ぐるっと回って漁業組合が獲った数は約五千万匹、と聞いていますが、アイヌ民族が獲らせてもらった数は、何匹とお思いでしょうか。

アイヌが驚くような話を聞くときに、驚きのあまり、鼻の穴や口から魂が飛び出さないように、鼻の穴と口を塞いで聞く風習がありますが、これから先をお読みの方は鼻と口を塞いで下さい。

さて、五千万匹も片方では獲っていながら神代の時代から、有史以前から、それを主食にしてきたアイヌが獲れるのは登別アイヌがわずかに五匹。一人にではありませんよ。札幌アイヌが数年前までは二十匹でしたが、今は少しだけ数が増えたと聞いています。

私はこれからも言い続け書き続けます。もう一度上流にシャケを戻して、腹を空かせて待っているキツネに、カラスに、フクロウに、クマに、そしてアイヌに少しでいいから自由に獲らせて欲しいものです。

別な言い方でシャケを〝カムイチェプ＝神がアイヌを含めて生き物たちに食べなさい、と贈ってくれている魚〟と言いますが、日本の法律ではそれを一匹も獲らせないのです。

川は魚の道なのに、川という川には梁が仕掛けられてしまいました。そこまで来たシャケたちは泣き叫んで上流へ行きたがっています。梁番の小父さん、忘れた振りをして梁の口を閉め忘れて下さい、きっといいことありますよ。

余分な話に口が滑ったらしいが、ある意味では本音でもあります。アイヌがシャケを獲る道具は、世界中でアイヌだけが使っている〝マレㇷ゚＝回転銛〟を含めて約十五種類あります。

食べ方は大雑把に数えても二十種類、そのなかには〝チポロサヨ＝筋子粥〟とか〝チタタㇷ゚＝氷頭のぬた〟など美味しい料理の仕方があります。秋になったら神からの贈り物として美味しく食べたものですが、これら季節の食べ物も今では、口に入れることができません。悲しいことです。

民俗学的というかアイヌ民族の食文化継承の面から見てもシャケが言葉の上だけの主食ではなく、シャケを自由に捕れることによってアイヌ民族の生活に密接に関わり、名実ともに主食であったことを伝えたいものです。

保存用には産卵の終わったものを取ってきて冬の食料として備えます。そして文字通り捨てるところがないくらい、利用します。

皮で〝ケリ〟という履物を作り、あるいは〝チェプウㇽ〟という着物に仕立てるなど生活の総てに役立てたものでした。

〝モトチヒ＝背骨〟の部分は祖母がこんがりと焼いて食べさせてくれました。今私は八十歳を目の前にして歯は全部自分の歯ですが、これはシャケの背骨のお陰と思っています。

〝モッラㇷ゚＝えらぶた〟のところに〝モッ〟という肉があり、大きさは大人の親指ほどですが、味は〝フミルイチカㇷ゚＝エゾライチョウ〟の肉の味とそっくりの味で、それには次のような物語があります。「私、〝オキクㇽミカムイ＝アイヌに生活文化を教えた神〟は、ある秋のことシャケ漁に行き、大きいシャケを一匹そのまま串に刺して焼いて食べたが、〝モッ＝えらぶた〟の肉、一口分だけ食べ残してしまいました。

神である私が食べた残りをそのまま捨てるのはもったいないので、掌の中でぐるぐると丸め、ふっ、と息をふきかけるとフミルイチカㇷ゚になって飛んで行きました。

それで、シャケのえらぶたの肉と、エゾライチョウの肉と同じ味がするのですよ、と、オキクㇽミが語りました」というものです。

尾びれとか背びれ腹びれ、これらも捨てずに取って置いて、近くの村で病気が流行ったという噂が聞こえてきたときに、〝パヨカカムイ＝病気の神〟に供物としてあげます。

そうすると、病気の神はその供物を受け取って、村へは寄らずに通り過ぎてくれると信じていました。

こうしてみると、アイヌ民族は〝カムイチェㇷ゚＝神からの贈り物〟であるシャケを、ほんとうに骨から皮まで捨てることなく利用していました。私は、アイヌとシャケは主食という以前に密接な関わりがあったことを知ってほしいと思っているのです。

## ∞イメッコレ＝分け合う心∞

少ない物、僅かな物を分け合うとき

〃ペライ　イモッ　パㇰク　ポオンペポ　ネコロカ〃

「釣餌程に僅かな物だが」という言い方をしながら近所の人と物を分けて食べました。

この言い方は本当に具体的で私が好きな言葉の一つですが、目に見えるような気がする程はっきりしているし、釣餌となれば釣針の先へ付ける程に少ないよと言っています。

そのように言いながら、アイヌたちは少ない物を分かち合って飢えをしのぎ暮らしていた時代があったものです。

それでも、狩に行って幸いにも獲物を手にしたときには、キツネの分は雪の上に、カラスの分は木の枝にひっかけること忘れず、自分たちだけが腹いっぱいになるのを望むではなしに、分け合って食べることを忘れませんでした。

これを、

〃パㇱクルカムイ　アイメッコレ〃

「カラスの神に分け与える」と言います。

昭和十年前後、父と一緒にシャケ獲りに川へ行き、前の晩に仕掛けておいた刺し網を引き上げた後、網に掛かったシャケのうちでも産卵が終わったシャケはキツネの分、あるいはカラスの分として残して置いたものでした。

それはいつもそのようにするのではなく、たくさん獲れたとき、といっても十匹までもないのですが、そのうちからキツネの分はヤナギ原へ、カラスの分は砂利原へ置きます。キツネは明るい所へ出て来ないし、カラスは辺りに目が届く明るい場所が好きだから、と父は言いながらカラスの分のシャケの両脇へ斜めに二カ所か三カ所刃物を入れてから、私に砂利原へ置いて来させたものでした。

しかし私は、父が何の為にシャケの脇腹へ刃物を入れて傷を付けたのか、気にも止めずにすっかり忘れていました。

昨年の秋のこと、根室標津《ねむろしべつ》孵化場に居られる若い研究者である小宮山《こみやま》さんが二風谷へ来られ、沙流川河口の孵化場へ案内しました。

そのときに私は、小宮山さんに素朴な疑問として、カラスは川辺りに寄り上がったシャケの目玉しか食べないのはどうしてなの?と聞いてみました。答えは簡単でした。

シャケの皮はカラスの嘴《くちばし》では食い破れないほど丈夫なので、カラスはシャケの目玉しか食べられないのだそうです。

それを聞いた私は、昔父がシャケの両脇に刃物を入れた理由を、はっと思い当たることができました。

父がカラスの習性を知っていて目玉ばかりではなく、身の方もどうぞという心遣いでシャケを斜めに切っていたことを、七十年近い歳月を経て初めて小宮山さんに教えてもらったのです。

こうしてみると、習わしやしきたりだけで、俺はアイヌだと知ったかぶりをしていたのではないだろうか、という恥ずかしい思いと同時に、そうは言っても少年時代のこと、なぜ?なぜ?と問い質せる年齢でなかったと、自分に言いわけをしています。

それにしても、父がカラスに与えるシャケに入れた切り傷の重みたるや、狩猟民族の心得というよりも、お前たちも腹が空いているだろうという、同じ生き物に対する愛情であったはず。七十年近い昔の父の行為を思い返し、カラスのこと、キツネのこと、フクロウのこと、クマが生きていける環境のこと、かつての狩猟民族の末裔として反省すること頻《しき》りであります。

現代に生きるアイヌ民族である私を含めて、多くの人間たちは、今が今、自分さえよければと、他の生き物たちに対する気配りを忘れてしまっているのではないでしょうか。

アイヌが自然とともに、自然のしきたりの中でいかに共存していかなければ生きていけない……。

このことは、アイヌだけではなく地球の人々も重く考えてほしいと思います。

## ∞チコイキプ——我々もいじめっ子∞

かつては狩猟民族であったアイヌ民族が、狩の対象とした獣や魚の総称をどのように呼んでいたのかというと〝チコイキㇷ゚〟（チ＝私たち、コイキ＝苛める、プ＝者）と言っていました。

村のおさであり狩の上手な人は、

〝ユㇰチコイキㇷ゚　カムイチコイキㇷ゚　アェアウナルラ〟

「シカの肉とかクマの肉を隣の家へ運ぶ程に私は狩が上手です」という言い方をします。

この、チコイキㇷ゚、という言い方の内に秘められている心は、常にごめんなさいね、私たちアイヌはあなた方を苛め殺してその肉をもらい受け、食べて生きているのです、という感謝の精神があるのでこの言葉があるのです。

もう一つの言い方に〝イラマンテ＝狩〟（イ＝それ＝獣、ラマンテ＝狙う）などという言い方があり

〝イラマンテクス　アㇻパアンロー〟

「狩に行きましょう」などとも言います。魚を捕りに行くときも、

〝チェㇷ゚コイキ　クスアラパアン〟

「魚を苛めに行く」という言い方で一緒に行く人を誘いました。

アイヌたちは獣や魚を苛めているという心を忘れないために〝イヨマンテ＝クマ送り〟という形で、あるいはシャケに対しても〝カムイチェプ＝神からの贈り物〟として、感謝しながら獲って来るものでした。

多くの生き物たちの命をいただきそのお陰で生きている私たち、ごめんなさいの心を、ともすると忘れてはいないでしょうか。あなたも私もいじめっ子であることを反省しなければならないと思っています。

## ∞役目の無い物は一つも無い∞

〝カントオロワ　ヤクサッノ　アランケプ　シネプカイサム〟

「天から役目なしに降臨させられた物は一つも無い」という言葉がありますが、それの良い例に平成十二年二月十二日に会いました。

それは秋田県本荘市でのこと、ある催しに招待を受け、行った先々での博物館とか資料館とかを案内して下さった方が、聞かせて下さった話の中でのことでした。

「ご覧の通りにこの地域は松林の多い所でして、私の住居の付近にも松林があり、夜な夜なフクロウの声が聞こえてきたものでしたが、近ごろはその声がまったく聞こえなくなってしまいました。

ねずみの害を防ぐと称して、農協が農家に殺鼠剤を売りまくり、農家はそれを所かまわず蒔き散らし、その毒を食ったネズミが明るい所へ出て来て死んでいきました。死んだネズミをフクロウが拾って食べて、フクロウも死んだというわけでした。」

ネズミは俗にいうネズミ算式ですぐに増えるでありましょうが、フクロウはそうはいかないであろうと思いながら聞いて来ました。

そこで、アイヌが考える「役目の無い物は無い」の意味ですが、ネズミが立ち木を囓って木を枯らすのは間伐の役目であり、枯れた木の皮に虫が付くとその虫を餌にして小鳥たちが雛を育てることができたでありましょう。

また、アイヌたちが矢毒に用いる〝スルク＝トリカブトの根〟、その葉を人間が一枚食べても命に関わる草ですが、これが無ければかつて狩猟民族であったアイヌたちは生活できなかったでしょう。

昭和二十三年まで私も飲み水としていた湧き水には、アイヌ語で〝ウォルンペ＝水にいるクリーム色の虫〟という虫がいました。形は人間の血を吸う蚕とまったく同じで、この虫も一匹で馬も死ぬほどの毒があるという虫です。その虫を矢毒に混ぜると毒の効き目が強くなり、クマでもシカでも、一本の矢で早く死ぬものと、父アレㇰアイヌが私に聞かせてくれました。

そうして見ると、人間が一方的に害虫とか益虫とか、害鳥とか益鳥とか言うのは勝手な話で、スズメにはスズメの役目、カラスにはカラスの役目があるというのがアイヌ民族の考えなのですが、間違いでしょうか。

ここで一言付け加えますが、役目の無い物は無いとは言え、天からの下され物とは違うものがあります。それは人間が作った原子力発電なるものです。

今から十五年前にスウェーデンのヨックモックという所へ行きました。

それは当時のソビエト連邦のチェルノブイリ原子力発電所爆発、二カ月後のことでしたが、案内して下さった方はサミー族の、ヨハネス・マライネンさんでありました。

その方が、一昨年私のところへ来て下さったので、山はきれいになりましたかと、尋ねると、五年や十年では全く変わらないし放射能で汚染された山は死の山です、と言っていました。それで、かつてのソビエトのチェルノブイリから、スウェーデンのヨックモックまでの距離を聞くと、約二千キロ、日本の地図に乗せて見ると北海道の稚内から鹿児島までです。

原子力なるものは人間が人間のために作ったと言いながら、私も含めて、天に向かって唾を吐いているようなものです。その唾がいつの日か私ども人類の顔に戻ってくるのではないでしょうか。

萱野という一人のアイヌの予言が当たらないことを念じ、十数年前に原子の火に私が〝オコッコアペ＝悪魔の火〟と名付けました。私が自ら反対運動に参加したというわけではありませんが、それをゼッケンに書いて走った人たちのことを思いだしているところです。人間が作ったこのものには役目の無い物と私は思っているのですが、いかがでしょうか。

死の灰には色も形も臭いもありません。

日本の諺に「けんかに被る笠は無い。身に降り懸かる火の粉は払わねばならない」というのがありますが、色も形も臭いもない火の粉を払い除けることは絶対にできないと思います。

## ∞殺気を感じる∞

私はアイヌの民具を作るのがかつては本職で、いままでずいぶん多くの生活用品を複製してきましたが、必要な材料は自分の土地である裏山へ〝タシロ＝山刀〟を腰に下げてしばしば取りに出掛けて行きます。ゆっくりと歩いて行くと、急に、

〝アコンラムカ　オライオライ　キピプキピプ〟

「自分の身体に鳥肌が立ち」歩くのがいやになることがあるものです。

言うところの殺気を感じるというのでしょうか。

それは何か生き物が私を先に見つけて睨み付けているからなので、そんなときはそこに立ち止まりゆっくりと辺りを目で捜します。

相手を発見するまで殺気は取れないので、木の根元から枝先へというふうにしてようやくの思いで相手を見つけると、それは、キツネであったり、リスである場合もあります。

相手を見つけて初めて鳥肌は嘘のように収まりますが、ひょっとすると、その部分だけには狩猟民族としての血が残っているのかなあと思いながら、山歩きをする人たちにそうした経験がないかどうか聞いてみたいと思うのです。

昔、夜の山道には〝パシクルアペ＝烏《からす》の火〟という青白い光があったものでした。パシクルアペの発生源は太い木を伐ったその根が腐ったもので、腐った部分がアワビの貝殻の内側のように暗闇の中で光って見えていたものを言います。

その光を今はまったく見ることがない、ということは太い木の根も腐って土になってしまい光を発する材料が無くなってしまったのでしょう。

## ∞アイヌイペ＝アイヌ的な食べ方∞

その昔アイヌたちが肉あるいは魚などを食べた後、口直し的にヒエのお粥とか少しのご飯を食べたときに、大人たちはこれが本当の〝アイヌイペ＝アイヌ的な食べ方〟だ、と言っていました。

アイヌ民族のかつての主食は魚や肉で、穀物はあまり食べなかったのです。

アイヌ自身が骨惜しみせずに川へ行って魚を獲り、山へ入ってシカ狩をすると数日間は食べることに心配がないので、自分で腰に下げるタシロの鞘やマキリの鞘などを彫刻したものでした。

特に結婚前の若者たちは恋人に贈るための〝メノコマキリ＝女性用の小刀〟などを彫ったものでありますが、反り方がやや強いこれらマキリには〝ポネサヤ＝骨鞘〟という傑作が多くあります。

食べることに気を使う必要がないので思いのままに手間を掛けての彫り物、ときには自分自身のために〝タンパクオプ＝たばこ入れ〟などにいいものがあります。手製の彫り物のかなりの部分は実用的なものであったが故に、いい作品が残されているようです。

アイヌの〝ウウェペケレ＝昔話〟のおしまいに、

ネプアエルスイカ
ネプアコンルスイカ
ソモノオカアン

私は何を食べたいとも
何を欲しいとも
思うことなく暮らしていた

という言葉がよく出てきますが、かつてのアイヌ社会での理想的な暮らしは右の言葉に凝縮《ぎょうしゅく》されているように思います。

## アイヌの結婚観

### ∞ウゥォシッコテ＝互いに目を繋ぐ∞

日本語の恋愛という言葉をアイヌ語で言うと〝ウゥォシッコテ＝互いに目を繋ぐ〟（ウ＝お互い　ウォ＝それ＝相手＝好きな人　シッ＝目　コテ＝繋ぐ）という言い方になります。

そのものズバリを言い表していて、日本語の恋愛という言葉と比べて見るとアイヌ語は具体的で、一言一言に遂語を付けることができることを考えると、やっぱり違う民族で、言葉が違うことがよく分かるような気がします。

好きな相手から目を離さずに、お互いに目と目を繋ぐ、好きな人同志は相手の動向を知り、目を離さないくらいにしなければ本物の恋愛にならないものです。

それを、アイヌ語でぴたりと言い当てている、口では表現しにくい若い男女の機微に触れる思いのウヮォシッコテ、という言葉は私が好きなアイヌ語の一つです。

## ∞ウトムヌカㇻ=結婚∞

〝ウヮォシッコテ=お互いを目で繋ぐ〟恋愛の期間が終わり、〝ウトムヌカㇻ=結婚〟ということになります。昔話の描写には

ポロケㇷ゚シ　アセカネワ
アホクフネ　アンクㇽエウン、
アラパアン

大きい嫁入り荷物を　私は背負って
私の夫になる人の所へ
私は行きました

という言い方になっています。

〝ウトムヌカㇻ＝お互いを見つめ合う〟（ウ＝お互い、トモ＝方、ヌカㇻ＝見る）結婚生活に入ると、目と目を繋ぐ恋愛から、身近に見つめ合う日々が始まります。

## ∞マタイヌウプソロ＝女性のお守り紐∞

ここで、結婚とともに忘れてはならないアイヌ女性の隠されていた風習の一つに、ラウンクッあるいはマッアイヌウプソロ、実際に言うときは〝マタイヌウプソロ＝女性のお守り紐〟というものがあります。

俗に貞操帯と訳されていますが、作り方はまず、材料のツルウメモドキの皮を冬に剥ぎ取り雪の上に広げて晒し、細い木綿針程の太さの糸に縒ります。

その糸を八本編みにして一本の紐にして、その長さは〝アッテム　エレテム＝二尋半（約四メートル）〟にし、片方の端、編み始めは人差し指と親指で輪にしたような形にします。おしまいの方は、四本ずつに分けて長さ十五センチの所へそれぞれ二センチ角の菱形の黒い布を付けて出来上がりです。

嫁入りのときには身体の後ろの方へ六本、前の方へ二本というふうにその紐を腰に、腰といってもお臍《へそ》の少し下の部分に巻くものと言われていました。

この風習は、私の母、あるいは妻れい子の母親時代までの頃のことであって、私の舅であった二谷善之助さんが、私にこっそり聞かせてくれた話では、あれはいやな紐であったとのことでした。

言うところの、〝カックケマック＝淑女〟であればある程度この風習を大切にするので、外してもらうのにしばらくかかったものだ、娘婿であるお前にだから低い声で教えるとのことでありました。

それを知っている男性の証言はこの一つだけで、男はこの紐のことを口にしないことになっているし、知っていても知らん振りするのが女性に対しての礼儀でありました。

この紐は夫以外の男に手を触れさせてはならないし、もしも夫があり妻がいる男女間で間違いがあったとしたら、最初に男の方がそのときに女が貞操帯を付けていたかどうかを聞かれます。男の返事が、付けていなかったとしたら、男の方は不問にふされますが、付けていたとなったら、たとえ合意の上であったとしても暴力で犯したであろうとされ、男の方が負けます。したがって、かつてのアイヌの男たちはそれを知っていたので、棒ほどに大きくして事に臨んでも、その紐に触れた途端に役に立たなくなったらしいのです。

女性側はというと、これまた厳しいもので、これを付けていないと神々から見ると素肌を人目に晒しているのと同じであるとか、これを付けていないと夫は狩運に恵まれないな

ど と、嫁入りする娘はめいっぱい威かされます。
　これを嫁に付けてやるというより授けるときは、これこの紐は火の神さまが認知しての
こと、と事ある毎に神さまを引き合いに出し、教え聞かせるので新妻もその気にならざる
を得ない仕組みになっていました。
　お産と生理のときの他は必ずこれを腰に巻いておかなければならなかったわけです。
　このように、男女間の淫らな淫欲を神の名を借りて抑えられ、男女ともに異常なまでに
貞操観念が強く、三十歳代で妻や夫に先立たれても、そのまま再婚をしない人たちが多か
ったものです。そのことが、災いというか歯止めになり、これほど豊かな国〝アイヌモシ
リ＝人間の静かな大地＝北海道〟でありながら、アイヌ民族人口が増えなかったのではない
でしょうか。平成十四年現在はまったくこの風習はなくなりましたが、復活させたくなる
ような噂がしばしば聞かれます。

### ∞飯食いの儀式∞

　結婚の儀式を昔はどのようにしたかというと、新しいお嫁さんが嫁入り先へ到着して、
最初の仕事は小さい鍋でご飯を炊くことでした。
　炊いたご飯を〝アサマリイタンキ＝糸底の高いお椀〟に山盛りに盛って、そのお椀をお膳

に乗せて、一膳お箸を添えて婿殿に渡すと、お婿さんはそのご飯を半分食べます。残り半分のご飯に箸を添えてお嫁さんに渡しますが、受け取ったお嫁さんは残ったご飯を全部食べて式が終わります。

この意味は、お祝いに集った村人の目の前で、一個の鍋で、一個のお椀で、一膳の箸で、これから新しい生活を始めますのでよろしくお願いします、と神と人々に誓うことになるのです。

飯食いの儀式が終わったら仲人役の長老が徐《おもむろ》に杯を手に取り、火の神へお祈りをしてその杯に口を付けずに二人に渡し、火の神へ二人のことを報告したことを告げます。

神々と村人の目の前で誓ったのだから、これから先仲良く暮らし、

〝ピリカポンペ　ヤイコサンケアニー〟

「二人の間に、一日も早く赤ちゃんが産まれますように」と言います。

この後は、飲みの宴、食の宴が繰り広げられることになります。

アイヌ民族の三大祭りと言ったら、〝イヨマンテ＝クマ送り〟・〝チセノミ＝新築祝〟・〝ウトムヌカラ＝結婚式〟であろうと考えています。

## ∞アイヌの猥談∞

アイヌ社会ばかりではなく世界中の人間たちは猥談を言うでありましょうが、アイヌの大人たちが猥談をするときには約束があって、子供が聞いている場合の隠語がありました。〝アイヌアナㇰネ　ホイェエオプネコロカ　ヘカッタラオカコㇿ　アペケシオカナー　シコㇿイタッエソシナレ〟

「アイヌたちは、猥談を面白おかしく上手に言うが、子供らが聞いている場合は、薪《まき》の燃えさしがいるぞ」と露骨になった言葉の向きを変えるものです。

聞いていた子供たちは〝アペケシ＝薪の燃えさし〟と言われているのが自分のこととは知らずに、大人たちは大笑いで、話が浅瀬に戻るという具合でありました。

口では上手に猥談を言うけれども、男女ともに貞操観念が強く、子供たちの前での猥談は戒めあったものです。

## ∞イパコカリㇷ゚＝ゴボウのいが∞

秋近く野原や山を歩くといろいろな草の実が着ている物のあちらこちらへ付くが、それらの総称を〝イパコカリㇷ゚＝私に纏わり付く物〟あるいは〝ライタ＝草の実〟と言います。

草の実には足がないので人間を含めて歩き回る者に纏《まと》わり付いて遠くへ運んでもらいます。その中で最もしつこいのがゴボウのいがでそのいがに準《なぞら》えて、しつこく男に付き纏い押し売りする女性のことを〝イパコカリプ＝ゴボウのいが〟と言います。

一度でいいからゴボウのいがに巡り会いたいと思いつつ歳を取ってしまいました。

〝ライタ＝人に纏わり付く草の実〟のことを馬鹿《ばか》と言ったものでしたが、他の地方ではどのような言い方をしたか知りたいものです。

## ∞マテドン＝妻は借り物∞

日本語で言うと嫁を貰った、あるいは嫁を貰いに行く、などと言いますが、アイヌ語の中で嫁を貰うなどという言葉はなく〝マッエドン＝マテドン＝妻を借りる〟と言います。

お嫁さんは貰うのではなく、借りて来るものであり借り物ですから、それはそれは大切にしないと嫁さんの実家のお母さんかお父さんが取り返しに来られたら困ります。

それと反対に借りられて来たお嫁さんは、お淑やかにしていなければいつ何時実家へ帰されるか分からないので、お互いに一歩ずつ下がって労り合って暮らします。

それが言葉となって現れ双方実行していくことによって、常に家庭円満を心掛けます。

そして、お嫁さんを一人捜して来るのは、クマ一頭獲るより難しいとされています。

それとアイヌの風習としてなるべく一軒の家に二組の夫婦が暮らさないようにするものです。長男がお嫁さんを迎えるとすぐに別家させ、次男に嫁が来たら同じように別家させます。

おしまいまで年老いた両親と暮らすのは一番小さい弟か妹になるのが普通でしたが、この暮らし方は昔からあったもので、私自身も長男、次男を別家させ、夫婦二人暮らしです。

特に現在は食べ物も昔と今は違うので、このやり方がいいと思っています。

## ∞アヘコテクㇽ＝私が自ら繋ぐ人∞

妻から夫への呼び掛けるとき〝アヘコテクㇽ＝私が自ら繋ぐ人〟（ア＝私、ヘ＝自ら、コテ＝繋ぐ、クㇽ＝ヒト＝夫）と言います。

私の夫は、私自身をあの人に繋いでいる人、と言うのですが、これほど言葉がはっきりしている民族があるでしょうか。他の国の言葉を並べてみたら面白いかもしれません。

また、その昔は本妻に子供が生まれないときには、本妻の方から夫にせがみ、〝ポンマッ＝小さい妻＝妾〟を持つことがあったそうですが、本妻から妾を呼ぶ呼び方が面白い。

どのように言うかと言えば、本妻と妾の関係を、〝ウドシマッ＝互いに一本の綱で繋がっている間柄〟（ウ＝お互い、ドシ＝綱、マッ＝妻）と言いますが、言葉そのものです。

そして、本妻から妾に対しては、〝クドシヒ＝私の綱〟と言います。

妻から夫に対しては〝クヘコテクㇽ＝私が仕えている人〟とも言います。

アイヌ社会では妻が夫の名をあからさまに呼べないことになっていますが、呼び方を言うと、〝アオカ＝あなた〟、おられるかい、ちょっと、などの呼び掛けのようなものです。

昭和十年頃のこと、二風谷のある母親が、病気の子供を背中におぶり、平取の病院へ行き子供の父親の名前を聞かれ、夫の名を言うのがいやなばかりに医者に診察させずに戻ってきたという話もあります。

それほど、夫の名を妻の口から言えないことになっていたものです。

## チシコンチ＝涙の帽子

私が生まれ育った場所は、現在の二風谷小学校の東側、二風谷神社の参道入口でしたが、平取側の隣に見沢おろあっのさんという小母さんがおりました。

口の回りと手の甲から肘までいれずみをした上品な方で、隣りの家の子供である私をいつもかわいがってくれました。遊びに行くと〝ルパイェユカㇻ＝さっと言うユカㇻ〟を聞かせてくれたものです。

この小母さんはアイヌの風習を良く知っていて、日々の生活の中で実行していました。

例えば、大雨が降り続き、洪水になりそうになると、外の物干し竿に大きい笊をぶら下げます。そして、

〃カントコロカムイ　ネイパクノ　アプトエアシテシリネヤクン　タパンイチャリ　シッパクノ　アプトアシテ……〃

「天の神さま　いつまでも、雨を降らせるのならば　この笊に水が、いっぱいになるまで雨を降らせろ……」と呪い言葉を言います。

その笊を見た天の神さまは笊をいっぱいにしようと猛烈に雨を降らせますが、笊がいっぱいにならないのを見て、天の神さまはあきらめて雨を降らせるのを止めるという、雨止めの呪いでした。

また、大風が吹くと家の中の横座辺りで家の梁から臼をぶら下げ

〃ニスカッケマッエコロキロロ　サンケワ　チセエプンキネワ、エンコレヤン〃

「臼の淑女よ、あなたの力を出して、家を守って下さい」と言います。

雨を降らせる呪いには〃ホロカレイェプ＝反対に這う者＝ザリガニ〃を細い紐で縛って小沢の近くへ繋ぎ、沢へ戻りたいと思ったら、ここまで水が来るまで雨を降らせろ、と言っていたものでした。

それから大風を止める呪いはというと、これは、風が吹いて来る方角に草刈鎌の刃を向け、物干し竿にきつく縛って、「風の神さまよ、あまり強く風を吹かせると、あなたの奥さまの腰巻きがこの鎌の刃で切り裂かれますよ」と言うと風が止みます。

これらの呪いはおろあっのさんが実際にしていたことを、私が自分の目で見たことばかりです。

そのおろあっのさんの、夫である小父さんが早死してしまいました。それは昭和八年頃であったでしょうか。私はかぞえ歳八歳、見たもの聞いた話絶対に忘れない、何でも見たいが何でも怖い年頃でした。あるときに次のようなことがありました。

小父さんが亡くなってどのぐらいの日が過ぎたのか、ある日の夕方、辺りが薄暗くなっていたが、隣りのおろあっのさんが外にある便所へ行くべく、家から出て歩いていました。

おろあっのさんは、単衣物の着物の片袖を頭に被り、身八つ口から目を出し、片方の袖を裾を斜めにして、引きずってゆっくり歩き便所に入って行ったのです。

その姿を見た私は驚きと恐ろしさで家へ逃げ込み、母にすぐ報告しました。すると母は、死んだ小父さんが、あの小母さんを迎えに来ても、誰なのかわからないようにするために、あのような格好をするものです、と教えてくれました。

隣と言っても近いので、自分の家の前に立っていても、すぐ目の前のこととして見たものでしたが、あのときの姿は忘れることができません。

喪に服している間は〝ウェンサパカㇻ＝悪い頭を作る＝喪に服する〟と言って、髪の長さを、耳たぶが見えるぐらいに短く切ります。

その髪が、耳たぶが隠れるぐらいに伸びるまでは〝チシコンチ＝涙の帽子〟を被りなるべく外出をひかえて、喪に服する気持ちでじっとしていることになっていました。

これらの風習も私が知っている限りでは、おろあっのさんのを見聞きしたぐらいですので、七十年昔の話ということになります。

著者の少年時代、昭和十年前後は、このようなことをふくめて、アイヌらしく、神を敬い恐れ、神の存在を信じて、悪いことをしないように心掛けて暮らしていたものでした。

## アイヌの心得

### ∞ニシパ＝物持ちとは∞

昭和十年から十四年の二風谷の様子を思い出すと、村中が本当に貧しく〝ニシパ＝物持ち〟と言える家はそれ程多くはなく、五十五戸の戸数の内、取り分け貧しいのが我が家でありました。

物持ちと思われた家には馬が数頭いて、家の外には一年分の薪が山のように積まれてあり、何の不自由もなさそうに見えました。

そのような村内で、昭和十三年の十二月三十日であったと思いますが、母が、正月中にくべる薪が足りないと思うので近くの山に取って置いてある薪を運びに行きましょう、と私に言いました。

運ぶと言っても馬橇で運ぶのではなく、人間の力で引っ張る手橇という小さな橇に薪を積んで運んで来ることなので、それは大変に力もいるし、いやな仕事でした。

母に誘われた私は、「正月を目の前にして手橇で薪運び、そんなこと恥ずかしくてできるか、俺はいやだ」と大きな口をきいたのです。それを聞いた母は、「よし、茂。今の言葉を忘れるな。お前が大人になって正月を目の前にして困るような生活をしたら、母はお前を軽蔑して笑ってやるぞ、忘れるな」と言いながら太い両方の腕で私を力強く抱き締め、

〝オッカヨエネナ　ヤイェプリウェンアニー〟

「男というものは努力次第でニㇱパになれる　今日の言葉を忘れるな」と言いながら、その目からは大粒の涙がはらはらと落ちました。その言葉は、少年である茂に意地を付けるというか持たせるのにどんなに役立ったか計り知れないものがありました。

昭和四十五年十二月に母が亡くなるまで、正月を目前に困ることのないようにと自分に言い聞かせ、母に軽蔑されないように努力を重ね、現在もそれを心の糧としています。

これをアイヌ語で言うと

〝ニㇱパネプ　ネイタパㇰノ　ソモニㇱパネ　ウェンクㇽ　セコロアイイェウタㇻ　ネイタパㇰノ

ソモウェンクㇽネ　イテキアウェンクラシパㇷ゚　ネナアニー〟

「物持ちが　いつまでも　物持ちではありません　貧乏人が　いつまでも　貧乏ではありません、絶対に軽蔑するものではない」となります。

アイヌ社会で言う〝ウェンクㇽ＝貧乏〟とはどのような者かと言うと病気や災難に遭って仕方なく貧しい人のことで、健康な体を持ちながら働きもしないで、食べること、着ること、住居に不自由している者は〝ウェンペ＝悪い者〟と言います。

同じ貧乏でも〝カラッポネヤミ＝骨惜しみ〟をしての貧乏は村人もあまり構わないが、病気とか災難に遭っての貧乏は村人みんなでできるだけ世話をすることになっています。

したがって〝ウェンクㇽ＝貧乏〟と〝ウェンペ＝悪い奴〟とは違うものです。

人間の運とか不運とかは人それぞれの〝ドレンペ＝憑き神〟のいいか悪いかによって左右されるものと、アイヌは考えていて、酒を飲むときも自分の憑き神に最初にあげてから飲むものです。杯の上に乗せてある〝ドキスパイ＝奉酒箸〟の先へ酒を付けて、一滴か二滴を左の肩、右の肩、そして自分の頭に付け、

〝クピリカドレンペ　クノミナー〟

「私のいい憑き神を祭ります」と言ってから口を付けます。

## ∞パコカヌ＝立ち聞きは不運の元∞

平成十四年現在の二風谷は戸数約百七十戸あり、大方の家は木造モルタルまたはブロック造り、便所は水洗というのが普通になりましたので、家の外に立っても物音一つ聞こえなくなりました。

しかし大正の終わりから昭和十年頃までは屋根は段葺き、壁が萱囲いの家も数軒あり、薄い板囲いが普通でしたから、家の中の物音は外に筒抜け、ましてや話し声であれば聞こうとすれば立ち聞きもできました。

その立ち聞きを防ぐために、立ち聞きをすると背後から悪い神が取り憑いて不運になると言います。

よその家の外で立ち聞きをしようとして、全神経を耳に集中しているので背中の方はまったく留守になってしまいます。それを狙って悪い神が立ち聞きしている者の後から取り憑くもの、立ち聞きの多くは夜であったろうから、後から狙われたとしたらまったくの無防備ということです。

したがって〝パコカヌ＝立ち聞き〟は絶対にしてはならないこととされていましたが、もしも立ち聞きの後に病気になったとしたら、その病気で死んでしまうとさえ言われました。

その不運を避けるためにアイヌは立ち聞きをしないことになっていたものです。

## ∞ヤイェアシパプ＝自分の噂は∞

『嚊浮気　町内で　知らぬは　亭主ばかりなり』という川柳を読んだことがありましたが、それと同じような言葉がアイヌ語にあり、〝ヤイェアシパプ＝自分の噂〟は耳に入って来ないものとされていました。

〝イヨハイカラ＝陰口〟を散々言われていながら本人の耳には全く入って来ないもので、日頃の言動にはくれぐれも注意するべしの戒めの言葉でもあるのです。

また〝ヤイェチタクテ＝自ら悪事を口走る〟という言い方があります。これは人が知らないと思ってした悪いことも、良心の呵責に堪え兼ねて自らしゃべってしまうことで、ある日突然ユカラをしたいのでと村人に集まってもらいます。

そしてユカラを語り始めますが、そのうちに本当のユカラから脱線して、自分が犯した過ちが次から次へと本人の口から出てしまいます。これを

〝カムイ　コイパクワ　ヤイェチタクテ〟

「神から罰を受け、自らの悪事を口走る」と言います。

## ∞アイヌネノアンアイヌ∞

母はつめは昔の門別村山門別、現在の倉富の出身で、父が若いときに山門別であった〝イ

ヨマンテ＝クマ送り〟に遊びに行き、いい娘だとばかりに何日も座り込みをかけて、やっとの思いで来てもらったとかの話でした。

母の母親、私から見ると母方の祖母は、門別川の更に西の方の厚賀川厚賀村賀張の出身と聞いていますが、早死したということで、私は会ったことがありません。

母は正直そのものでいい母でしたが、やはり貧しい家に生まれたらしく、ろくすっぽ学校へ行かせてもらえず、仮名文字が少し読めるぐらいの人でした。

母や、少年時代私が偉いと思って見ていたのは精々、造材山の親方と称せられる人たちで、なぜかと言うと、父や兄たちに仕事を頼みに来るときにお金をたくさん持って来るからでした。その母は私に、男の子というものは自分の努力次第で偉い人にもなれるし、貧乏から抜け出ることもできるものだ、と事ある毎に言い聞かせてくれました。

しかし、なんといっても母の教えの中で輝いている言葉は、

〝アイヌネノアンアイヌ　エネプネナアニー〟

「人らしい人、人間らしい人に　お前はなるのだよ」というものです。

アイヌ社会では、アイヌという言葉はそれはいい言葉でした。したがいまして、アイヌという言葉を二つも三つも重ねて言ってもらうことを、かつては誇りにさえ思っていたものです。

それが、日本人がアイヌに一言の挨拶もなく他人の家へ土足で上がるような態度で北海道へ雪崩のように移住してきて、アイヌを足で蹴散らすように不毛の地へ追いやりました。シャケを獲るな、シカを捕るな、木を伐るな、生活する権利、生きる権利の総てを奪い取ってしまった挙げ句に、誇りある民族の言葉アイヌという言葉を悪口に掏り変えてしまいました。泣く子がいると、アイヌが来た、アイヌにくれてやる、などと言われたものです。そうなるとアイヌ自身もアイヌと呼ばれるのがいやになり、日本人たちはアイヌ民族の側に対して、アイヌという言葉を禁句にしてしまったのです。

そのような環境の中でありながら、私の母は臆することなく、

〝アイヌネノアンアイヌ　エネプネナアニー〟

「ひとらしいひとになれかし」と私に意地を持たせてくれました。

私は講演の冒頭には必ず、アイヌという言葉の意味をアイヌ語でしゃべります。あるいは文章を書く場合も忘れないようにしてはいますが、まだまだアイヌたち自身がアイヌと呼ばれることを快《こころよ》しとは思っていないようです。

いつの日か俺はアイヌ民族だよと、一人びとりのアイヌが臆することなく自己紹介できる日が来ることを願うと同時に、同じく日本人によってあらぬ差別を受けた西隣の国、韓国の方々も胸を張って在日の何々と言える日が来るといいのになあーと思っています。

## ∞オッカヨエネナ＝お前は男だ∞

昭和十年頃祖母てかってに連れられてすぐ近くの小平《こびら》という所の親戚の家へ遊びに行く途中に〝ケナシパオマナイ＝野原の頭にある沢〟という小沢を渡りました。

その沢を渡るときに祖母は沢の側へしゃがみ、手と顔を洗い、茂、お前も顔を洗え、と言うので、冷たい水で顔を洗い終わると、続けて、〝フチ＝祖母〟は年寄りだからそのうちに死んでしまう、お前は子供のなのでこれからずーっと長い間生きているから、フチが死んだ後でここを通ったらフチと一緒に顔を洗った沢であったことを覚えておき、忘れないでくれと言うのです。

あれから七十数年、道路は完全に舗装されていますが、その場所を通るたびに思い出します。祖母が孫の心に己が存在を刻みつけたことは、今あらためて凄いことであったと思います。

そして、小平の鹿戸さんという家へ到着して、しばらく座ることになりますが、初めて行く家なので、家の中のものが珍しく、子供のこととて、きょろきょろと辺りを見回していたらしいのです。

すると、戻り道に祖母は、よその家へ行って座ったときに〝オッカヨエネナ＝男の子〟というものは動いたり辺りをきょろきょろ見回すものではないと、半ば叱りながら教えてくれたものです。

これを、アイヌ語で言うと、

〝ウェンクㇽインカㇻ　コシッカンカリ〟

「貧乏人の目付きで　辺りをきょろきょろした」というものです。

それからというものは、祖母と歩いても、父とよその家へ行っても、俗に言う座相を定め、きょろつかない子供になったはずで、大人になっても注意していることの一つです。

これにまつわるアイヌ語として
〝ウェンクㇽイペ　コノッハイェハイェ〟

「貧乏人の食べ方は　上顎と下顎が　横に逸れるような」といって軽蔑されるものですし、

〝ウェンクㇽアㇷ゚カシ　ココッカクル　ウタサタサ〟

「貧乏人の歩き方は　膝と膝が　互い違いに動いている」などとも言います。

また、

〝ウェンクㇽ　イコロコロコㇿ　ネユンポカ　ヌカランルスイ〟

「貧乏者が　たまさか　宝物を手にすると　誰彼に見せたがる」という言葉もあります。

昭和三十年前半、私がアイヌの民具を買い歩き始めた頃です。思いがけなくいいものを買ってきたときに、誰かが来るとそれを出して見せていたのを、母は脇からじっと見ていて後で注意してくれました。「茂、聞いておけ、お前がやっていることは恥ずかしいことですよ。貧乏人が思いがけなく宝を手にしたら、誰彼の見境なく出して見せている、あれは止めなさい」と教えられたものでした。

それからは、いいも悪いもなく、人に見せるようなことはしなくなりました。アイヌ社会でも、それなりの諺めいた言葉があって恥をかかせないようにしていたものです。

それにしても、民具収集を五十年近くやっていると、私が行くことを待っていたかのように偶然にしてはあまりにも出来過ぎた偶然で、アイヌの民具を手に入れることができたものです。その偶然がこれからもあることを願って止まないものです。

## ∞村おさの条件∞

かつてのアイヌ社会では村おさを選ぶのには三つの条件がありました。

一つ目は〝シレトッコロクル＝器量のいい者〟。村を代表してくれる人はなるべく男前であってほしいと考えていました。

二つ目は〝ラメトッコロクル＝度胸のある者〟。クマ狩りに行ったら一族の先頭に立って危険に立ち向かってくれる度胸が必要、皆の後の方で背伸びして見ているのでは困ります。

三つ目は〝パウェトッコクル＝雄弁な者〟。村と村の揉めごとあるいは個人対個人の諍《いさか》いを、口一つで解決できる雄弁な人でなければ選んでもらえないのです。

並べて言うと、シレトッ、ラメトッ、パウェトッ　となりますが、体力的に村おさの役目が勤まるのは五十歳ぐらいまでで、それ以上の年になるとクマより速く走れないでしょう。世襲制でもありませんでしたので、次から次と若い人が選ばれ村おさになったわけです。この選び方は明治時代まで続いていました。

村おさになったからといって特別の権利を与えられるわけではないけれども、村人が集まってやや大きい家を建ててその家に住んでもらい、言い方として〝ポロチセウンクル＝大きい家に住んでいる人〟あるいは〝コタンコロクル＝村を司る人〟と言います。

明治時代前半は〝スド＝制裁棒〟を神の認知の元にと一本預けられていて、悪いことをした者、例えば不義密通あるいは人の者を盗むとか、そのような場合に罪によっては制裁棒で罪を犯した者の尻を何十回かなぐったそうです。

これも古い時代の話で、私は話を聞いたのと、制裁棒の作り方を貝沢前太郎さんに教えられただけです。なぜか知らないが棒の瘤は十三個に決まっていると聞き、そのように作りました。

二風谷の村おさとしては、私の先祖私から数えて四代前のイニセテッが村おさであったそうですが、見たことがある人では貝沢ウマカシテさんが、ポロチセウンクㇽの末裔と自称していたものです。

明治時代に入ってからは、明治二十五年に二風谷小学校が開校され、日本の法律によって暮らすようにさせられてしまい、アイヌ民族自らの約束ごとが通用しなくなりました。

## ∞ポニタㇰ＝呪《のろ》いの言葉∞

私の父、アレㇰアイヌは、アイヌ語については類まれなる雄弁な男であったそうで、父の死後も近所の人たちが、茂さんの父はあのときに、このときにと、父が雄弁であった話を聞かせてくれたものでした。

その父は生前、

〝アイヌイタッ　アラパエアシカイ　パㇰノケラマン〟

「アイヌ語が　行き着く所まで　俺は知っている」と豪語していましたが、それが死の直前に問題になりました。

というのも、あの男はアイヌ語をあれほど知っているのだから、世に言われる〝ポニタㇰ〟あるいは〝イヨイタクシ＝人を呪う呪いの言葉〟を知っているであろう、と噂されたのであります。

その噂を、否定も肯定もせずに年月を過ごして、誰かに真相を尋ねられても、うやむやにしていて、ときには恐ろしがられてもいたらしいのです。

そのため、死の直前本人の口から真相を語らねばならない羽目に追い込まれたのであります。それは昭和三十一年一月のことでした。

父が死の床につき、遺言をすることになりましたので、生前から引導渡しのお願いをしてありました父の友人、二谷ニスㇰレㇰクルさんに来ていただきました。

そして父はあえぎあえぎ、ニスㇰレㇰクルさんへ、アイヌ語でアイヌ風の引導渡しをお願いしたのであります。

　しかしそこで、ニスㇰレㇰクルさんが私の父に向かって言うには、

「今は際に友人である貴男に聞きただすのは酷であることは重々承知の上だが、私の問にしっかり答えてもらいたい。

　貴男は若いときからアイヌ語を知り尽くしていたが故に、〝イヨイタクシ＝人に呪いの言葉を掛けること〟をできるとかの噂が聞こえていたものであった。

　それが真実であったとしたら、引導渡しの言葉の中で、神々にその旨を伝え、お詫びの言葉を加えねばならないので、呪いの言葉を知っていたのか知らなかったのかはっきり答えてもらいたい。」

　側で聞いていた私も含めて、母や、近所の人が数人立ち合っているわけですから、父の口からどんな返事が出るか、聞いていた家族は一同はらはらしながら答えを待ちました。

　すると、父の口からははっきりとした口調で返事が返って来ました。

「兄上よ（血の繋がりがない人へでも兄と呼ぶのが礼儀）ご心配なく、私は若い頃からお煽《だち》者で、あの男ならあのぐらいアイヌ語を知っているのだから、呪いの言葉の一つや二つは知っているだろうと噂はされました。

それを良いことに知ったかぶりの言動があったかも知れないが、そのような悪い言葉のかけらも知らないし、聞いたことも全くありません。」
〝コンネオカタ　クポホウタㇻ　ヤイェペレポカ　エアシカイナンコロ……〟
「私が死んだ後に　息子たちが　食うことぐらいできるであろう。神々への口添えの必要は全くありません……」それを聞いた、ニスㇰレㇰクルさんは、痩せ細った友の手を握りしめて、答えづらいことを聞いたが、これで安心をした、約束通りにアイヌ語での引導渡しをしてあげますよ。

そう言ったと思うと、ニスㇰレㇰクルさんは、大粒の涙をぽろっぽろっと落としながら、清太郎（父の日本名）お前ばかり先に死ねて幸せだなあー、俺が死んだら誰が送ってくれるんだ、そう言いながら男泣きに泣いたものですが、居合わせた者たち誰一人泣かない者はいない程に涙したものです。

〝イヨイタクシ＝呪いの言葉〟を知っていた者の血統は死に絶えるとされ、恐れられていて、それで父は自分の死後に子供たちが幸せに暮らしているのを見ていてくれと言ったのです。父の死後、私たち兄弟は何事もなく、今も食べることに不自由なく暮らしています。

隣村ペナコリ出身の私の友人、川上勇治さんは、「茂さんの父が呪いの言葉を知っているという噂は、本当に噂だけだったんだなあー、それに比べて、うちの村のあの人の噂は本当であったのだろう。あの人が死んだ後子供が皆ばたばたと死んでしまって血統が絶えてしまった」と聞かせてくれましたが、そのように呪いの言葉は恐れられているものであったのです。

呪いの言葉というものは下手に言うと、呪いを掛けた言葉が戻ってくるもので、〝ヤイカニホセ　エカプネ〟「自分自身で自分の上へ木を倒すようなもの」であったそうです。

したがって、絶対に覚えてはならないものとされ、私どもの二風谷では、言葉だけがイヨイタクシ、という言い方で残っているわけです。

## アイヌの人生観

### ∞言霊を守り続けて――アイヌのイタクタクサ＝言葉の清め草で祓う∞

アイヌ語の中に、〝イタㇰラマッ＝言葉の魂〟という言い方があって、人間の言葉には魂が宿り、霊力があるものと考えています。大人が子供たちにものを教える場合に次のような言い方があります。

「どんなに切れる刀や、もうどくをぬった矢よりも、人間のはなすことばほど、つよい武器はない。だから、人の話をよくきき、りっぱなはなしかたのできる雄弁な人になりなさい。よくよくはなしあうことによって、むだなたたかいは、かならずふせぐことができるもの

ですよ。」(拙書『キツネのチャランケ』三十頁より原文のまま。昭和四十九年二月二十八日小峰書店)

というわけでアイヌたちは言葉こそはすべての物事を円満に解決することができるものと考え、したがって〃イタㇰラマッ＝言葉の魂〃という言葉があります。

萱野茂のアイヌ語辞典五十八頁には、〃イタㇰラマッ＝言葉の魂〃、

アイヌイタㇰ　アナㇰネ
ラマッコロワ　コエㇷ゚レンノ
ケマコロペコロ　パラコロペコロ
イタㇰラマッ　シネンネ
アㇷ゚カシペ　ネルウェネワ

人間の言葉というものは魂を持っていて、
それとともに
足があるように、
口があるように、
言葉の魂が独りでに歩くものなのだよ

と載せてあります。
私が昭和三十六年春に過労のために病気になり三カ月入院しましたが、そのときに見舞いに来て下さった貝沢前太郎さんが、アイヌ語で次のような言い方をしてくれました。

ネプクスネヤ　ペゥレオッカヨ　エネワオラーノ
ネプタスミ　エキヤッカ
イタㇰタクサ　タクサアニ
エカクキッヤッネ　イットコラチ
ニサシヌトマム　エコロナンコンナ　フッサフッサ

なんのために　若い男　あなたでありながら
なんの病気に　掛かったか分からないが
言葉の清め草　その清め草で
あなたの身体を　清めるからには
あっという間に健康な体に　なるであろう　フッサフッサ

と正に言葉の清め草で祓い清めて下さったのでした。

その数日後に私は退院することができて、患者であった私には〝イタㇰタクサ＝言葉の清め草〟という言葉は忘れることのできない言葉となりました。それを心の糧に言霊を守り続けて、アイヌ語、言葉の魂を次の世代へ引き継げればいいなあーと思っています。

ここで、〝タクサ＝清め草〟についてですが、病人の身体に取り憑いているかも知れない化け物というか悪霊を追い払うために使う草のことを〝タクサ〟と言います。

材料は〝ノヤ＝ヨモギ〟と〝フレアユㇱニ＝キイチゴ〟という刺のある灌木の二種類で、それを同じ本数、約十本ずつを二つに分けて、多くの場合、女性が両方の手で持って病人を祓い清めます。

これを〝タクサエカㇻ＝清め草で祓い清める〟、と言いますが、ヨモギを使う理由は、

アイヌモシㇼ　モシㇼソカタ
アキヤンネレプ　ノヤネクス
ネプウエンカムイカ　エペッㇳドラシ
エアイカプペ　ネルウェㇳタパン

人間国土　国土の上で
一番先に生えたのが　ヨモギなので

どんな魔物も　ヨモギには
勝つことができない　ことになっている

と言われています。

片方のフレアユｼニというキイチゴは小さい刺がいっぱい生えていて、素手では触ることのできない柴なので、ヨモギとキイチゴ、これを手に持ってぱしっぱしっと病人を清めますが、刺によって多少の傷は覚悟しなければならないものです。

傷つくことで病気の神、悪霊も逃げ出すことを願っているわけです。

この清め草を準備できない場合には、言うところの、

〝アイヌイタｸ　イタｸタクサ〟

「アイヌの言葉　言葉の清め草で祓い清める」と言うことになるのです。

この〝アイヌイタｸ　イタｸタクサ＝アイヌの言葉　言葉の清め草〟は私の大好きな言葉の一つであり、この小さな本の題名として選び、アイヌ語の奥深さを知ってもらえる言葉と思っています。

## ∞人間の国や神の国でも∞

アイヌオッタカ

カムイオッタカ
アゥコエヤㇺペ
ヘカッタラ　オンネㇷ゚　マタイヌネワ

人間の国でも
神の国でも
最も大切にされる者は
子供と　老人と　女性ですよ

この言葉は常日頃大人たちが口にする言葉でありますが、少年時代のことを考えると、近所の大人たちは自分の家の子供とよその家の子供を区別することなく誉めもしたし、叱ってもくれました。

私が物心ついた昭和五年から十年代の老人と、平成十四年現在の老人を比較して見ると昔の老人たちの方がうんと幸せであったような気がします。というのも、昔の年寄りは仕事がありましたが、平成時代の老人には仕事がないというより仕事が奪われてしまい、粗大ゴミなどと陰口を言われ、それに甘んじていないでしょうか。

昔はおばあちゃんの役目として繕《つくろ》い物がありましたが、今は着る物は破れることを忘れたかのようにまったく破れず、繕い物をする必要が無くなってしまいました。

洗濯機が出て来たので手でごしごし、などもしなくなり、かつての洗濯板や、洗濯盥《たらい》は博物館行き、石油ストーブになってからは薪作りや焚き付け作りも昔の話になりました。

子供が少なくなったので孫を守りする必要も無いし、朝に早く起きてご飯を炊くのは炊飯器があり、こうしてみるとかつてのおじいちゃんとおばあちゃんの役目は、全部が全部機械に取って代わられてしまいました。

それに加えてテレビがあるのでテレビの前へ座りっぱなし、これは平成時代の一般的な年寄りの姿で、私も年寄りの一人だが、テレビはなるべく見ないようにしています。

しかし、これほど目まぐるしく動く世の中、乗り遅れないために新聞は二紙ほど斜め読みでも必ず目を通すことにしています。

アイヌの村では寝たきり老人はあまり聞いたことがありませんが、それは指先を動かす仕事〝カエカ＝ござとか袋物を編むときに使う糸〟などを毎日毎日していたからではないでしょうか。

糸縒りをするか〝アッエゥコテ＝アッドシを織る糸〟をつなぐこれも指先の仕事で、祖母てかっては亡くなる数日前までこの仕事をしていたものでした。

アイヌの男性はというと、斯《か》く言う私の日課は日中天気のいいときに自然の光の中で彫刻をすることで、今日は〝ドキパスイ＝奉酒箸〟を一本彫りました。

父アレクアイヌも近所の老人たちもそうでしたが、指先に力の入る彫刻仕事は、目にも体にもいいような気がしますので、これから先も続けるし、明日はお盆を一枚仕上げようと思っています。

惚け老人と言われない、ならないためにもアイヌ的に指先を動かしながら、好きな仕事を続けることにしています。

そして女性はというと、女は力がないので常に大切にしましょう、というふうに教えられていたものでした。

山で、もしも女や子供がクマに襲われて死んだとしたら、普通は神として祭られるクマ神も、頭の皮も剥がずに毛のままに首を切り落とし、

〝メノコル　アサム　アオランラニ〟

「女の便所の底へ口を上に向けて押し込み」ます。

そして、朝な夕なに、女から糞や小便を掛けられることになっていますが、これは人間が神に対して罰を与える一つの方法です。

人を襲ったクマにはこうして罰を与え、普通に人間に狩り獲られたクマは神として祭られますが、弓矢を持った狩人とは命の遣り取りですから狩人が殺される場合もありました。

しかし、女や子供を襲うようなクマは神ではなく化け物であると考え、罰を与えるのです。

人を殺したクマの肉は毛のままぶつ切りにして風倒木や、腐った木の切り株などに配り、

人間は食べないことになっていました。

これらお仕置き話などは私が物心ついてから七十数年、実際には聞いたことはなく、全部昔はそうであったと、語り伝えられている話ばかりです。

## ∞ウウェペケレ＝昔話∞

アイヌ民族、その家庭では道徳的な話や教えは誰がすると決まってはいませんが、近所のお年寄りが先生役で、いつもこのウウェペケレという昔話を聞かせてくれました。

昔話の上手なおばあちゃんの所へは自然に子供が集まり、私の場合は、話が面白いともう一つ、もう一つと話をせがんでなかなか動きません。すると、茂、お前はウウェペケレが上手だなあー、隣のおばあちゃんが聞きたがっていたから、行って聞かせて上げなさいと、体《てい》よく追い出されたものです。

今のように水道が完備していなかった時代でしたので、水汲みとか近くの店までのお使いに走るなど、少しの仕事を手伝ってはその代わりに聞かせてもらうこともありました。

〝ウウェペケレ〟（ウ＝互いに、ウェ＝それ、ペケレ＝清らかになる）とは、この物語を聞くことによって、聞いた人それぞれが〝エチャヌプコロ＝それで利口になれる〟のが本当の意味です。

話の中では、お年寄りを大切にした子供は、かくかくしかじか、神のご守護があって幸せになりましたとか、反対に年寄りを粗末にした子供は神さまが罰を与えましたという具合でした。それを何回も何十回も聞かされた子供たちはそれを信じているので、年寄りを大切にする心が、昔話を通して培《つちか》われていたものです。

自然を大切にする話も話の中に盛り込まれ、例えば、カラスにシャケをやるときにきれいに洗ってやった者と、砂まみれにしてやった者、どちらが幸せになったとか、それはそれはたくさんの話があったものです。

この話の内容ですが、「ある精神のいい男がシャケ漁をしていたら一羽のカラスが来て〝チェプポルルポ　ハンカワッ　チェプポルルポ　ハンカワッ〟

「シャケ汁を食べたいよ、シャケ汁を食べたいよ」と鳴いたのでシャケを一匹きれいに洗ってカラスにくれてあげました。

次の日に美しい娘に誘われて神の国へ行きたくさんの贈り物をもらって来ました。

次に精神の良くない男がシャケ漁をしていると、前と同じに鳴いたので、一匹のシャケを砂まみれにしてやると、次の日に美しい娘が来て神の国へ誘いました。

神の国へ行って見ると昨日砂まみれにしてカラスにやったシャケが横座にまな板に乗せてあって、神の国の老夫婦にさんざん叱り付けられ、その後はつまらない不幸な人間になりました」といった具合です。

道徳教育は、このようにして、次から次と老人たちの口から子供たちに教えられ、事の善悪はウゥエペケレで教えられ覚えたものでした。

## ∞朽ち木が倒れるように∞

百歳近くまで長生きした祖母てかっては「死ぬときに誰にも迷惑を掛けることなく死にたいもの」それが口ぐせでありました。

それをアイヌ語で言うと

〝ムニンニ　ホラッコラーチ　オパハゥ　サッノ　コンネオカー〟

「朽ち木が音も無く倒れるように、病気したとかの噂も無く　死にたいものだ」となります。

日頃の口ぐせが本物になって昭和二十年一月四日に、眠るように亡くなりました。アイヌの年寄りはいつも手先で、というか指先を動かして手仕事をしているものでしたが、祖母も亡くなる数日前まで〝カエカ＝糸縒り〟をしていました。そのためかアイヌの村では寝たきりの老人が少ないように思いますが、世の中が、各家庭が、便利になり過ぎて、老人から仕事を奪い取ってしまったのでこれから先は分かりません。

そして、天寿をまっとうした老人が亡くなった話を聞くと、誰そればあちゃんが

〝ヤイェラムシンネヤッ　アイェ〟

「自分で自分のことを安心したそうだ」と言ったものです。

現在は、生も死も病院、産みの苦しみ、死の悩みも、本当は子供たちに見せた方がいい

と私は思っているが、生も死も商品化されてしまったような気がする今日この頃です。

## ∞人間六代を生き続ける老人∞

アイヌ社会で尊敬される一つの条件として

〃イワンアイヌイキリ　エポソフチ　エポソエカシ〃

「六代の人の系列を　潜り続けた老婆　潜り続けた老翁」と言います。

老人と言っても単なる老人ではなしに、自分自身あるいは村内で、誰それの家系六代の、人の顔と名前を覚えている物知りであることが大切な条件でありました。

私が生まれ育った二風谷でのことを言うと、私自身の先祖、祖母てかって、父アレクアイヌ、筆者本人茂、その長男得豊、得豊の長男秀志、私の孫である秀志も成人したので、近いうちに曾孫の顔を見られれば六代です。もう一つ別の家族の系列を並べると、ウウェサナシ、与次郎、正、耕一、太一、これで五代目、太一も間もなく親になるであろうから、六代の顔と名前を言えると思います。

その昔、人生わずかに五十年と言われた時代は〃イワンアイヌイキリ　エポソプ＝人間六代を生き抜く者〃これは大変珍しい存在であったのかも知れません。

しかし、惚《ぼ》けたり寝たきり老人では尊敬されないことは言うまでもありません。

それを心しながら人間六代を生き抜きたいと思い、指先を動かし、昭和二十一年五月五日から、昨夜まで約五十六年間書き続けている日記も続けることにしています。

アイヌ語で言う〝イワンアイヌイキリ　エポソプ＝六代生き抜き、潜り抜く者〟、これはそう・・・・・うたやすいことではないかも知れませんが、ゆったりと生き続けようと考えています。

# 第二章

# アイヌの知恵

## アイヌの知恵

### ∞子供の夜泣き∞

子供は泣くのが仕事と言われるし、そうであろうけれど、長泣きする子供に大人たちはほとほと困ってしまいます。そんなときアイヌたちは泣き方を見て泣き声を止める方法を判断します。目を閉じて泣くのは眠たいかお腹が空いているからであり、目を開けて泣くのは付近に化物がいるからであると言います。そして、その泣き方によってそれぞれ呪いの仕方がありました。

目を開けて泣いたときは、赤子が見ている方向に塩を撒き散らし箒で掃き清めるとか、木綿の布に火を付けてその煙を子供の近くへ持って行き、呪いの言葉を言います。〝ドマサケ　クーク　イヨシキワ　モーコロ、トマサケ　クーク　イヨシキワ　モーロコ〟「煙の酒を飲んで酔っ払って眠れ、煙の酒を飲んで酔っ払って眠れ」、これを何回も繰り返し言い続けます。それでも子供が泣き止まないときは、木綿布を燃やした煤を顔に黒く塗りたくると、化け物もその黒い顔を嫌がって子供の近くから逃げてしまうと考えられていました。

これは家の中の呪いで、少しは外側のものを怖がることを分かる歳、二歳か三歳であれば、となりの小父さんにお願いをして〝キサラリ＝耳長お化け〟を作って来てもらいます。

それは、普通の鎌の刃の部分に赤い布を巻き、長い耳に見立てて黒布を巻いたもので、威《おど》かすときには窓の外からちらっちらっとそれを出しながら、この世にいない動物の声を、グーグーと出します。その声は歯をきちんと噛み合わせて、舌を口蓋へぴったしと付け、大きく息を吸い込みその息を強く奥歯の一番奥から吹き出すようにして出します。

電気がなかった昭和十年前後、外は真っ暗、その暗がりから〝キサラリ＝耳長お化け〟が、ちらっちらっと見え隠れし、不気味な声が聞こえると、たいていの子供は母親の胸に顔を埋めて泣き止みます。

斯く言う私も長泣きした悪い子供で、この耳長お化けに何回か世話になりましたが、作って来るのは隣に住んでいた重太郎さんであったような気がします。

耳長お化けの次に怖かったのは、フクロウの鳴き声でしたが、フクロウは沙流川右岸と、私たちの村がある左岸の裏山の両方から聞こえてきて、その声はまた野太く、声がふるえているというか声のおしまいが波うっているものです。

真っ暗い闇の中から、

〝ぺゥレプチコイプフーームー、ぺゥレプチコイプフーームー〟

と聞こえてくると、大人たちは、その声を泣く子を攫《さら》いに来る化け物の声と威《おど》かします。

子供が泣くと、ぺゥレチコイキが来るぞと言うと、これまた泣き止みました。

そのフクロウも今や幻の鳥とされ、道東に数十羽と、あちらこちらで、いるらしいという話はあるにはあっても、なかなか人目に付くことがありません。

アイヌはこの鳥を〝コタンコロカムイ＝村を守る神〟あるいは〝シチカプ＝本当の鳥、鳥の中の鳥〟と呼び、大切な神さま扱いの鳥です。

## ∞つらら取り∞

つららのことを〝ノキペコンル〟（ノキ＝軒、ペ＝滴、コンル＝氷）と言います。

私の少年時代の住居は萱葺き屋根でしたし、昭和十一年か十二年頃まで家の中では焚き火でした。

したがって、つつらには煙の色が付いていくらか黄色みかかっていて、それを引っ張っぱり抜き嘗《な》めると、煙臭いというか、燻《いぶ》り臭かったものです。

それを親に見られると叱《しか》られることは言うまでもありませんが、子供たちはそれをこっそりやったからこそ、今でもその味を覚えているわけでありましょう。

おばあちゃんは、つららを取るともう一度寒くなるものなので、つららを取ってはいけませんと言ったものでしたが、その真意は、子供がつららを取りに軒下へ行っては上からつららが落ちて来て、危ないのでそう言ったのです。

その教えを私は孫たちに言いますが、現在の家は軒が高いのでつららに手は届きません。

## ∞火の始末は一人でする∞

古い時代と言っても私が物心つき始めた昭和五年頃から祖母が亡くなる昭和二十年までと、さらに父が亡くなるまでの十年間が私の最もアイヌ民族らしい経験でした。

昭和十年前後、家の中の囲炉裏の生活のある時代、夜、家族が寝る前になると炉の中の火を埋めますが、そのことを〝アペウナ＝火を埋める〟と言います。

燃えている薪の残りを火尻の方へ寄せて熾火《おきび》を搔《か》き分け、そこへ〝フプチヤイ＝松の節〟を一本入れてその上へ今搔き分けた熾火を寄せて木灰をかけますが、これをアペウナと言います。松の節は沙流川の上流から流れて来て川の縁の浅瀬に打ち寄せられた、鰹節のような形をしたものを集めて乾かしてあります。

乾いた松節を熾の中へ入れておき、朝に木灰を搔き分けたときに、松節をこんこんとたたくと割れてきれいな熾になってくれて、それを種火にすぐ火を燃やすことができました。

アイヌの囲炉裏は、〝アペソプキカラ＝火の神さまの寝床造り〟といって丁寧に炉をしつらえてあり、下からの湿気を完全に防げるので木灰に湿気がないのです。湿気が完全に遮断された昔のアイヌの炉でなければ松節を埋めても熾火にはなりません。

　そして、〝アペウナ＝火を埋める〟は必ず一人ですることになっていました。二人でアペウナをすると、一人は〝ヤイカオクイマ＝寝小便たれ〟一人は〝エトイ＝禿げ頭〟になると言われてます。

　禿げ頭と寝小便たれ、どちらもいいことではありません。万が一火事になったとしても責任のなすり合いがないように火の始末だけは必ず一人でやるためにそう言うのでしょう。

　アイヌ社会では、母親が娘に教える最も大切なことは火の始末でしたので、どちらかというと本当に燃えやすい家に暮らしていながら、火事は少ないものです。

　この村に生まれ育って七十数年、見たことのあるアイヌの家の火事は、昭和六年頃に貝沢ちこさんの家、昭和八年頃に新井かよさんの家、昭和十八年に貝沢与次郎さんの家、昭和五十年頃に貝沢正子さんの家の火事くらいです。

　戸数の割にすると少ないように感じていますが、娘に対する母の教えが徹底しているためであるような気がしています。

　アイヌにとっては火の神さまは、最も身近で、頼れる神には違いありませんが、扱いを粗末にすると家から家財道具、人の命まであっという間に灰にしてしまいます。

## ∞ウォロコイキ＝水で苛める∞

平成十四年現在のように小学校にプールがあるわけでもなく、水泳と言ったら夏の間、六月二十日から八月二十日までの二カ月だけでありました。

それも毎日川へ行けるわけでもなく、暑い日が続かなければ川へ行っても泳げないので泳げる日はそう多くありませんし、そのような日を利用して年上の者が年下の者に泳ぎを教えることになっていました。

さあ、茂、今日は暑いから川へ行くぞ、と年上の者が誘ってくれるので大喜びで川へ走ると、泳げる者と泳げない者を別々に丸木舟に乗せて舟がすーっと出ます。

そして、泳げない者は次から次とやや深いところへ投げ込まれ、あっぷあっぷして、少しは水を飲み苦しまぎれに手足をばたつかせているうちに、足が川底について立ちます。このことを〝ウォロコイキ＝川で苛める〟と言います。

これが何回か繰り返されるうちに浮くことを覚えるものでした。

かつての沙流川は水量の多い川なので、泳ぎを覚えることは必須でした。ですから、子供のときから今言ったような乱暴に見えるやり方で泳ぎを教え、子供のうちに泳ぎを覚えないと大人になってからでは間に合いません。

万が一川へ落ちたときに、泳げる者は浮くと思い、泳げない者は死ぬと思う、と言いながら大人たちは平気で〝ウォロコイキ＝川で苛める〟が、それで死んだという話は聞いたことがありませんでした。泳ぎを教えられた一齣《ひとこま》です。

## ∞頼りにしている道具は∞

昔話の中で、家出する娘が最低限必要とする道具を一つずつ持ち出して道端に隠しておき、いよいよ家を出るときにそれらを背負って山を越えて別の方の川へ逃げて行く、という話があります。家出をする娘とは、往々にして、化け物に魅入られた娘が自分の意志に反して、あらぬ行動をする場合を言います。娘が家出をして一人になったところを何々の化け物は娘を殺し、その魂を取って結婚するという筋書きになるわけです。

それらの道具を、〝アエヤイラメコテプ＝これらがあれば生きていける物〟（ア＝私、エ＝それで、ヤイ＝自身、ラメ＝心＝思い、コテ＝結びつける、プ＝物）と言います。

それは、〝カラスマ＝火打ち石〟、〝ス＝鍋〟、〝タシロ＝山刀〟、〝マキリ＝小刀〟、〝ク＝弓、アイ＝矢〟などで、どんな山奥でも山刀があれば松の葉で小屋を作り、火打ち石で火を起こし、弓矢でシカとか小動物を獲り、小刀で皮を剥ぎ、鍋で煮て食べられるというわけです。

したがって、アイヌ社会で若夫婦が親の家から分家するときも、これらの生活道具さえあればそれで良しとされて、それはそれは簡素なものであったわけです。

また、昭和二十一年の夏に、貝沢義則さんと二人で沙流川の上流から山越えをして、新冠川《にいかっぷ》の上流へヤマベ釣りに行ったときに、私たちが持って行った物は、鉈一丁、飯盒《はんごう》一個、塩を少々、マッチ一箱、米を少しという具合でした。

行った先でフキの葉で小屋を掛けますが、フキの葉をもぎ取るときに大切なことは、フキの葉の付け根の所を握り、ぼきっと折って下へ引っ張ったときに付いてくるフキの皮をできるだけ長く剥ぎ取ることです。フキの葉の下へ長々と付いているフキの皮を縄代わりに横棒にぐるぐるっと巻き付け、下から次々右へ左へと重ねて行くと、少々の雨では雨漏りのしない小屋を作れます。

釣ったヤマベを塩焼きにして食べ、少しのご飯を食べながら、背負って帰れるだけ焼き魚をこしらえて帰って来たものでしたが、アイヌが山へ入るときは、本当に軽装そのものでした。終戦間もない昭和二十一年の夏でしたが、昭和十六年と十七年の二年間測量労働者して行った所で、山も川も知っていたので年上の小父さんを誘ったわけでした。

平成十四年現在は、当時の自然は見る影もなく、山はずたずたにブルドーザーの牙で噛み砕かれダムが構築され、〝シリコロカムイ＝大地を支え持つ樹木の神々〟も、人間の愚かさに嘆き悲しんでいることでありましょう。

## ∞冷たい水は噛んで飲め∞

〝キムタナムワッカ　アクヒタアナクネ　アクイクイコロ　アクプネナアニー〟

「山で冷たい水を飲むときは、水を噛み砕いて飲むものだよ」この言葉は子供のときから言い聞かされた言葉でしたが、私がうっかり注意しなかったばかりに一緒に登山した若者に腹病みをさせてしまった苦い経験があります。

それは昭和四十年頃でありましたが、村の若者たち一行十五人ほどで、沙流川の支流である糠平川《ぬかびら》の源流にある、幌尻岳二千五十二メートルへ登山したことがありました。

登山を終えて戻る途中、八合目辺りにある命の泉という湧き水を、一緒に登った女の子ががぶ飲みをしたのを私は知らなかったのですが、間もなく急に飲んだ冷水で胃痙攣《けいれん》の腹病みです。

若者たちが交替で彼女をおぶって下山しましたが、あのとき登山前に、アイヌが冷たい水を飲むときの心得を教えておけば、あのように皆が苦労しなかったはずです。

もう一つの例ですが、昭和三十七年であったが、我が家の畑の西瓜が大豊作で、子供たちが大きい西瓜を取って来ては、顔を赤くしてかぶりついて食べていました。

ある朝早く親がうっかりしている間に長女直枝が、畑に行っていつもの調子で朝ご飯の前に西瓜を食べたが、空腹時への冷たい西瓜は覿面《てきめん》で、すぐに腹病みが始まりました。

これは暖めれば痛みが止まることを知っていたので、子供の腹を私の腹にくっつけてしばらく暖めると痛みが止まりましたが、このときのことを長女に聞くと、憶えているとの答えでした。

ということで、急に冷たい水を、あるいは冷たい物を口にするときは、口の中でゆっくり噛み砕き、口の中で冷たさを感じない程に暖めて飲み、あるいは食べなければ腹病みになるものであることを覚えておくことです。

## ∞ルプシクル=凍死寸前の者∞

昭和の初めと言ったら今から七十数年昔のことですが、失業対策的な仕事として、雑木林を根回しというやり方で生木の根元を鉈で皮を剥ぎ、生木を枯らし、その後で針葉樹の苗木を植林したものです。

その当時は苗圃もそうありませんでしたので、松林の中から天然の苗木を掘ってきて、それを植えたそうですが、その苗木を掘りにアイヌの若者三人が山へ入りました。

それは昭和六年の十月のことでしたが、山へ入ったその日の昼から急に寒くなりみぞれが雪になり、三人の若者は道に迷い、宿舎へ戻ることができなくなってしまいました。

沙流川の枝川糠平《ぬかびら》川という川の上流宿志別《しゅくしべつ》川の奥の方での出来事、夜いっぱい待ったが三人の若者は帰ってこないので、宿舎では大騒ぎになり捜索隊が編成されました。若者たちは平取村と荷負本村という村の若者で、村から大勢の人が来て捜索が開始され三人のうち二人は死体で、残りの一人、木村文太郎さんは虫の息で発見されました。

男が凍死する場合に睾丸が先に凍るものでその場合は、若い女性が裸になって素肌で温めて初めて生き返るとされています。そこで当時宿舎で一番若い蝶田みささん、後の貝沢みささんが選ばれました。

文太郎青年を素裸にして、みささんも素裸になり、両方の腕の中へ抱き抱えたあのときの文太郎青年の冷たさ、今も忘れることができませんとのことでした。

この場合に火に近づけると生きる者も死んでしまうので、あくまで人肌で温め、本当であれば〝ノキヒ＝睾丸〟を口に含むぐらい昔の人はしたものだそうです。

宿舎の中で片方には死んだ二人の遺体があり、片方では文太郎青年を生かすべくみささんは布団の中、昔のことなのでアイヌの小父さんたちは高い声で〝カムイオロイタッ＝神々への助け〟を求めるお祈りをしていました。

どのぐらいの時間が経過したのか、文太郎青年は生き返ったわけですが、その後文太郎さんは八十歳過ぎまで長生きをしました。

みささんは、昔の門別村山門別出身の方で私の母と同郷のご縁で二風谷村へ嫁ぎ、数年前まで長生きしておられ、この話は本人の口から何回も聞かされたものでした。文太郎さんの娘エフ子は私の弟、貝沢末一と結婚、そのご縁で遭難当時のことは文太郎さん本人の口から聞いたものです。遭難された若者たちの慰霊碑は平取町内荷負本村の神社の境内に建立されてあります。

## ∞ハンノキは増血効果がある∞

ハンノキは〝ケムネ＝血になる〟と言います。この木の皮を煎じて飲むと増血効果があるということで、お産の後には必ずこの木の皮を剥いて来て土瓶に入れ煎じて産婦に飲ませました。効き目については私は分からないけれども、母や姉がお産した後はそうしていたのを見たものです。

赤ちゃんが指をしゃぶるようになったら、ハンノキでおしゃぶりを作りますが、そのおしゃぶりのことを〝テッコッペ＝手に結わえ付ける物〟と言います。

これは、父親または祖父が作って与える物ですが、赤ちゃんの歯の生え始めに物を噛るが、これなら噛ってその皮を飲み込んでもある意味で薬ですから心配は無いわけです。

私の孫たちのためにこれを作って与えましたが、今様のプラスティックのおしゃぶりよりはよほど安心して見ていることができました。

## ∞ドルシノ＝垢が付く∞

数年前に亡くなったおばあさんで、どるしのさんという方がいました。

この方の名前の意味ですが、この人の兄弟は次から次と死んでしまうので、産まれてきた女の子に〝ドルシノ＝垢まみれ〟という名前を付け、化け物が汚がって手を付けないようにとの親の願いがありました。

垢まみれ、と名付けられたこの女の子は親の願い通りに化け物も手を付けずに、九十歳近くまで長生きをして、アイヌの話をたくさん聞かせてくれた方でした。

アイヌ民族が子供に名前を付けるとき、その昔は戸籍もなかった時代は子供の動きを見ては、親の願いを込めて子供に名前を付けたものです。例えば、私の父親のアイヌ風の名〝アレㇰアイヌ〟（ア＝座る、レㇰ＝しゃべる＝さえずる、アイヌ＝人＝人間）は、座ってしゃべる人という意味で、雄弁であれかし、の名前でした。

ところで垢と言えば、老人たちが病人を見舞いに行くと、あの病人は垢が付いていたから死なないであろうとか、あの病人は垢も付かないきれいだから間もなく死ぬであろうとか言っていたものでした。

垢が付かないということは、寝汗をかいている証拠であり、肌がきれいに見えることは病気が進行しているわけで、垢が付いている病人は寝汗をかいていないということです。

昔の人たちはそのことに気を付けて病状を判断して、死ぬとか死なないとかと言っていたものでした。

〝カドドルシノ＝いやいやながら〟とか、垢という言葉は〝チカドウェンカ＝顔に泥を塗られた〟などと使われることもあります。

〝ドルサッイナゥ＝垢の付かないきれいなイナゥ〟などにも用いられる言葉です。

## ∞テクイポロ＝手の顔色∞

人間の顔色のことを、イポロホ、あるいは、イポロ、と言い、手の色のことを〝テクイポロ＝手の顔色〟と言います。

誰か病気をしたと聞いたときに祖母たちは見舞いに行きます。戻って来て祖母たちは

〝テクイポロ　クヌカラアコロカ　エアラキンネ　ケアナサプ〟

「手の顔色を　私は見たけれども、本当に私は、憂慮にたえない……」などと言っていたものでした。顔の色艶を見て病状を判断するばかりではなしに、顔をじっと見るよりは手の色艶で、この病人は元のように元気になれるかどうかを見て帰って来たものでした。祖母が言った通りに〝ケアナサプ＝憂慮〟となればその病人は間も無く死んでしまうが、そうでないときは死ななかったものです。

顔色のことを言うと

〝イポロタ　ヌイレイエーペコロ〟

「顔の表に炎が走ったように」など、日本語であれば烈火のごとく憤《いきどお》りという言い方になる言葉です。

また、おぼろ月夜のことを〝チュピポロ〟（チュプ＝月　イポロ＝顔色）と言いますが、春の月がぼんやりとかすんで見えることを、月の顔色と言うものです。同じ、イポロ、であっても、〝チェピポロオマ〟（チェプ＝私たちの食べ物、イポロ＝顔色　オマ＝入る）、この顔色は栄養失調の顔色ということになります。

## ∞アイヌの天気読み∞

昔の人は今のように天気予報などがあるわけでもなく、すべてのことを自然から読み取って、あるいは生き物たちから教えてもらって暮らしていました。天気に関しても大人たちは経験の積み重ねを子供や孫に伝え、子供たちはそれらの話を聞き覚えておいて自分自身でも気をつけて、本当か嘘か、どのくらいの確率で当たるものか、自分の目で確かめながら予測をしていたものでした。

## コブシの花の咲き方

例えば〝コブシの花＝オプケニエプイ〟の咲き具合を見て横向きであれば今年の夏は風が強いので注意するべし、上向きに咲いていると雨が少ないのでそれらしい物を作付けしましょう、ということになります。

また、カラスの巣が低い所にあると風が強いものなので注意しましょうと言います。

〝パシクル　スシコロ　アプトアシペネ〟

「カラスが水浴びすると雨が降る」とか、カラスという鳥はアイヌに吉凶を知らせる鳥で、猟に山へ入ると獲物の所在を教えてくれます。

それはどういうことかというと、カラスという鳥は動く者が入って来るとその上を旋回する習性があるので、沢を挟んで対岸の斜面を見て、その上にカラスが旋回していたとしたらその下にクマかシカがいるものなのです。

それを見て狩人たちは、自分たちの動きを決めて獲物に近づきます。

昭和十年代、カラスが屋根の上に止まって声を出すと、祖母てかってがすかさず声をかけて、

〝ピリカヤント　エックスネヤクン　ナアラスイネ　ハゥコロ〟

「良い客が来るのであったら今一回声を出して」と言うとその声に答えるようにカラスはも

う一回か二回声を出してから飛び去りますが、今度は私に川の上流へ飛んだか下流の方へ飛んだか見てこい、と祖母が言います。外へ出てカラスが飛んでいった方角を言うと、その方向から客が来る、と祖母は予言します。すると本当に予言通りの所から客が来たものでした。子ども心に祖母はカラスと話をすることができるんだなあと思ったものです。
　ここで、カラスにまつわる小話を一つ。

オンネパㇱクルイーネ　タラタッワイーサㇺ
ネータライーネ　サケアカㇻワイーサㇺ
ネーサケイーネ　チクワイーサㇺ
エチクルゥェイーネ　チェオソマワイーサㇺ
ネオソマイーネ　セタエワイーサㇺ
ネーセタイーネ　アライケワイーサㇺ
アライケルゥェイーネ　パㇱクルエワイーサㇺ
ネーパㇱクルイーネ
トシトアライケワ　ラププフアイラプネ
アカㇻワ　エピシネレホッ　エキムネレホッ

アエアッワ　クスアンペ　アイラプキナネネーッ

年寄りカラスはどうしたの　俵を取りに行きました
その俵はどうしたの　お酒に醸してしまったよ
そのお酒はどうしたの　みんなで飲んでしまったよ
飲んだそのお酒はどうしたの　うんちになってしまったよ
そのうんちはどうしたの　犬が食ってしまったよ
その犬はどうしたの　みんなで殺してしまったよ
死んだその犬どうしたの　カラスが食ってしまったよ
そのカラスはどうしたの
そのカラスを殺し羽を矢羽根に作り
海岸の方へ六十本　山の方へ六十本
射飛ばして　生えたのが　矢羽根草だよ
（アイヌ語ではアイラプキナ＝ソロマ＝ぜんまい＝くさそてつのこと）

これは子供騙し的におばあちゃんたちが聞かせてくれた話ですが、今にして思うと自然の循環を示唆していることに気付くような話です。

## 洪水の前兆

〝サッポンナイアサムタ　トポンラアンコロ　ポロワッカ　アンペネワー〟
「夏に小沢の沢底に水苔が発生すると大洪水の前兆ですよ」と、アイヌたちは注意し合ったものです。

しばしば雨が降ると川床が洗い流されて水苔は発生しにくいが、あまり雨が降らない年には夏の暑さで沢の水が温もり、川底いっぱい苔が発生し、うっかり歩くと苔で足が滑り、転ぶことがあるほどでした。その様子を見て今年の夏、または秋になったら〝ポロワッカ＝洪水〟があるかも知れないと注意し合っていると、本当に秋近くに長雨が降って洪水になったものです。それと、もう一つは、

〝クンネカッコッ　ハゥアシコロ　ポロワッカ　アンペネ〟
「夜カッコウの声がすると洪水の前兆」と言います。カッコウ鳥は夜鳴くものではないのでめったに聞こえないが予言はそうでした。

また、
〝ポンナイ　ルププニコロ　ネエパハ　ポロワッカ　アンペネ〟

「真冬に沢の中を歩いて見て、大人の握り拳のような氷のこぶがたくさんある年の夏は洪水がある」とも言います。

少年時代に父アレクアイヌと一緒に沢の中を歩いたときに小沢が凍って、大人の握り拳を伏せたような氷のこぶがたくさんあると、今年の夏は〝ポロワッカ＝大洪水〟があるかもしれないと、教えてくれたものです。

## 月に暈がかかると雨

月に暈がかかることをアイヌ語では〝クンネチュプチセ＝月の暈〟、または〝チュプチセ＝月の家〟と言います。日本語でいうお月さんが笠被ったと同じような言い方です。

その暈の中に星が一つあると一日後に雨が降り、星が二つあると二日後に雨が降ると言いますが、気をつけて見てはいかがでしょうか？

この〝チセ〟（チ＝我々、セッ＝寝床）、しゃべるときには〝チセ＝家〟になりますが、本来は我々の寝床という意味です。〝チセ＝家〟という言葉を並べて見ると〝アイヌチセ＝人間の家〟〝チュプチセ＝月の暈＝月の家〟〝ソヤセッ＝ハチの寝床＝ハチの巣〟〝チカプセッ＝鳥の寝床＝鳥の家〟〝パシクルセッ＝カラスの巣＝カラスの家〟、などがあります。

## アイヌ語の面白さ

### ∞色のイロいろ∞

〝色＝イロ〟。アイヌ語の色の種類は、白、黒、赤、青の四種類で、その四種類に〝ゾンノレタラ＝本当に白い〟〝レタラ＝白〟〝ルレタラ＝さっと白い〟があります。

同様に、黒なら〝ゾンノクンネ＝本当に黒い〟〝クンネ＝黒い〟〝ルクンネ＝さっと黒い、うっすらと黒い〟、赤なら〝ゾンノフレ＝本当に赤い、真っ赤〟〝フレ＝赤い〟〝ルフレ＝少し赤い、うす赤い〟、青は〝ゾンノシューニン＝本当に青い〟〝シューニン＝青、真っ青〟〝ルシューニン＝さっと青い、少し青い〟となります。

ここで、日本語で言うところの顔色が真っ青、あるいは青ざめて見える、を、アイヌ語で言うともっと具体的に、

〝ヴォロコンプ　シコパヤㇻ〟

「水にうるけた昆布と同じ色」と言います。

あるとき、私は海岸へ遊びに行って昆布を数本拾って来ました。乾かそうと屋外の物干し竿に掛けましたが、数日間雨が続き入れそびれているうちに、アイヌ語で聞いたことのある〝ヴォロコンプ＝水にうるけた昆布の色〟、人間の青ざめた顔色、死んだ人間の顔色と

まったく同じ色になりました。

アイヌは色彩感覚が鈍いのではなく、何々の色と同じとか、何々の色に近いなどと言う

わけです。

例えば、かつてはアイヌの女性の間で大切にされていた、タマサイ、という胸かざりの玉粒の一粒ひとつぶの色を見て、透明のガラス玉には〝コンルタマ＝氷玉、氷のような玉〟と言いました。黄色と青と同じ言い方の〝ジューニン＝黄色〟だがこれもまた、〝シケレペニカプフコラーチ＝黄肌の木の木の皮と同じ色〟と言いますが、黄肌の木の表面のコルク状の表皮の内側の皮が真っ黄色なのでそれと同じと言うのです。

ところで、アイヌが考える最も高貴な色と言えば

〝クナゥペドムワ　アプスアーペコロアン　カムイイコロ〟

「フクジュソウの花の滴の中から、掘り起こしたと同じ色の　神の宝」でしょう。

フクジュソウの花の色は、黄金の輝きそのもので、純金を私は見たことは無いけれど咲いたばかりの花片《はなびら》の色、アイヌたちはその色を見て、それと同じ色の宝物と表現しました。

アイヌ民族は色彩感覚に疎いように思われ、言われがちですが、何々の色と同じとかその色に近いとか、具体的な例を挙げてみている辺り、聞いただけで想像できるのがアイヌ語なのです。

## ∞ウパㇱ＝雪の呼び方∞

アイヌ語では雪を〝ウパㇱ〟（ウ＝互い、複数、パシ＝走る）という言い方をします。アイヌ民族は雪を見て、雪というのは神の国からアイヌの村里へ競争して遊びに来るものと考えていました。

降ってくる雪を見ていると、一片《ひとひら》一片がふわりふわりと、大きい一片は大急ぎで、小さい一片はゆっくりと、名前の通りに空から競争して降りてきているように見えます。

秋、十月中頃になるとウパㇱキキリという雪虫が舞い始めて、その後約一カ月目に本物の雪が降るということになっていますが、だいたい目安通りに初雪が降ります。

初雪のことを〝アシㇼウパㇱ＝新しい雪〟、同じ初雪であってもうっすらと積もる雪を〝カパラウパㇱ＝薄い雪〟と言います。

このうっすらと降る雪のときは、狩人が山へ入ると、クマの歩いた跡に笹の上の雪が落ちていて、クマが行った方向が良く分かります。

私はクマ狩りをしたことはありませんが、昭和十四年から三十四年まで山仕事をしていたので、クマが歩いた足跡なりに雪が溶けて土が出て、その部分だけが黒々としていたのを見たものです。

秋〝スサム＝ししゃも〟を獲って河原へ山のように積んだ上へ降り積もった雪は、〝トルㇽ

カラリㇷ゚＝魚の上へ降った雪〟（トルㇽ＝山積みの魚、カ＝上、カラリ＝詰める、プ＝物）と言います。

そして、獲ってきたししゃもを太い萱の串に通して、串の両端を太い藁縄に差してすだれのようにして乾かします。そのすだれの上へ降る雪を、〝サンカラリㇷ゚＝棚の上を詰める、あるいは押さえる雪〟（サン＝棚、カ＝上、ラリ＝詰める、プ＝物＝雪）と言うものです。

〝コヌパㇱ＝粉のような雪〟（コ＝粉、コン＝持つ、ウパㇱ＝雪）は粉雪のことで、すごく寒いときにこの粉のような雪が降るものです。

〝コㇺコㇺウパㇱ〟（コㇺコㇺ＝小鳥の胸のやわらかい綿毛、ウパㇱ＝雪）とは綿雪のことで、降ってくる様子を見ると、ふわりふわりと降ってくるものです。

春の淡雪は〝ペラッネウパㇱ〟（ペラッネ＝一重物、一枚物、一枚だけのうすっぺらな物、ウパㇱ＝雪）と言います。一重物雪、うすっぺらな雪とも言い、降ってすぐに消えてしまいます。

昭和十年前後のことですが、冬の夜祖母が外へ出て、吹雪であるとか、降っている雪の様子を見て、〝アイヌライケウパㇱ＝人殺し雪〟（アイヌ＝人、人間、ライケ＝殺す、ウパㇱ＝雪）と言いながら家へ入ってきた次の日は、どこそこで誰やらが凍死したという噂が聞こえてきたものでした。昔の人たちは、言うところの第六感的なものを持っていたのかも知れません。

## ∞アペエドンペ＝火を借りに来る虫∞

ここで忘れないうちに目の前にいる虫たちの名前に少しだけ触れておきたいが、この虫にこの名前、奇抜な名の虫もあります。

アイヌ語では蛾とかを〝アペエドンペ＝火を借りに来る虫〟（アペ＝火、エドン＝借りる、ペ＝者＝虫）と言います。日本語で飛んで火にいる夏の虫というよりは、情緒があると思うがいかがでしょうか。

私は東京に丸四年近くいたが夏になって外灯に蛾の一匹も来ないのには驚きました。蛾の一匹もいない東京、きれいすぎるのか、汚すぎるのか、蛾に聞いてみないと分からないし聞きようもありませんが、ひょっとしたら東京というどでかい町は虫も住めないほどの空気になっているのかもしれません。

コオロギは〝イポプテプ、イポプテキキリ〟（イ＝それ、ポプ＝煮え立つ、プ＝もの、キキリ＝虫）と言います。コオロギの泣き声は鍋が煮え立つような音なので、鍋が煮え立っている虫と名付けました。

コオロギと言えば、昭和四十年頃に静内町へ録音に行ったときに聞かせていただいた話で、海岸のアイヌの中にコオロギを神として祭っている血統の人がいるということでした。昔、あるアイヌが海漁に出たとき、べた凪の上に濃い霧で方角が分からなくなりましたが、陸地と思われる方向からコオロギの声が聞こえてきたので、それに向かって舟を漕ぎ、そのアイヌは助かりました。それでコオロギを神として祭るようになったそうです。アイヌは命を助けてくれたものを神として祭る習慣があるので、他の人から見ると、なんだこれは、と思うものを神として祭ってあることがあるものです。

くわがた虫、かぶと虫のことを〝チクパㇷ゚〟（チ＝陰茎＝男根＝ちんちん、クパ＝噛む、プ＝物＝虫）と言います。イタズラっぽいアイヌたちは、この虫におちんちんを噛まれたらなどと想像し、にやにやしながらこの名前を付けたのかもしれません。

〝ムンチロイコンパプ＝アワ毛虫、アワの穂のように赤い毛虫〟という虫がいます。この虫はなんの幼虫なのか分からないけれども大きさは十センチ足らずですが、動きの早い虫で、アワの穂に似て赤い色をしているので、アワの穂毛虫と名付けています。この虫の別名を〝ヌマウシイコンパㇷ゚＝毛むくじゃら毛虫〟とも言います。

続けて虫の名を少し。蚊のことを〝エドタンネ＝鼻が長い〟あるいは〝エドタンネキキリ＝鼻の長い虫〟と言います。

アブのことを〝シラゥ〟と言い、白老の町名も〝シラゥ　オイ＝アブの多い所〟という意味で、それが白老になりました。同じ地名が平取町内にもあり、俗に荷菜《にな》の川向《かわむかい》にシラゥの沢という沢があって、この沢にはシャケの孵卵場があって沙流川から直接シャケを誘導していて、シャケの側から言うと、この沢は地獄の沢になっています。

〝ウパㇱキキリ＝雪虫〟（ウ＝互い、パㇱ＝走る、キキリ＝虫）は冬を知らせる虫です。私が暮らしている沙流川の二風谷では雪虫が出てからほぼ一カ月後に初雪が降る、と、されていますがだいたい間違いないように思っています。

〝セユンキキリ＝黄金虫のように殻のある虫〟（セイ＝貝殻、ウン＝ある、キキリ＝虫）の総称を言いますが、池にいる源五郎もセユンキキリでありましょう。

〝レーレッポ〟はゴキブリよりやや長いというか、細長く艶のない虫で、足が速いのでそれをつかまえては、やや硬い土に虫が走れるほどの細いみぞを何本も作って子供たちでこの虫を競争させて遊んだものでした。日本語での名前は、オオゴミ虫と聞いたがこの虫も殻があるのでセユンキキリと言います。

トンボを、〝ハンクチョッチャ〟（ハンク＝臍《へそ》、チョッチャ＝射る）と言いますが、トンボの口を見ると人間の臍のように見えるので、そのように名前を付けたのかも知れないと勝手に思っています。

セミのことを〝ヤキ〟と言いますが、北海道のセミの声はヤーキーリリリリと聞こえるので、それでヤキと名付けたのでしょうか。

老婆たちがヤイサマという歌を歌いながら自分を揶揄する言葉で、

〝オンネ　ヤキ　シリーネ　クハウェヘ　マチャラシネ〟

「歳を取ったセミのように私の声はざらざらしている」と嘆くものです。セミは死ぬ直前になると、声がとぎれとぎれになるが、その声と自分の声を重ね合わせてそう言い、思っていたのでしょう。

この言葉と反対に雄弁な男がしゃべる声の様子を、

〝アユピヒ　イェイタㇰ　カッコㇰハゥネ　チラナランケ〟

「私の兄が　しゃべる声はカッコウ鳥の声、それと同じに降り注ぎ」という具合に言います。

何々をという場合にも具体的に、ある物を、ある声を、ある色を引き合いに出す辺りにアイヌ語の面白さがあるような気がしています。

## ∞イランカラプテー＝こんにちは∞

明治政府が誕生して日本中の各藩から江戸＝東京へ人が集まり政治が執り行われるようになったときに、出身地によって挨拶言葉がまちまちであったそうです。

それではいけないということで、学者に頼んで挨拶言葉を作ってもらったものが、現在広く用いられている朝にはお早う、昼には今日は、夕方から夜になると今晩は、という言い方と聞いています。

それで、アイヌ民族の挨拶言葉はと言うと、親しい間柄であれば、

〝ウナラペ　ヘー〟、

〝アチャポ　ヘー〟

「小母さん　しばらく」、「小父さん　しばらく」という具合でした。

その次の言い方は
〝イワンケノ　エチオカヤー〟

〝エコロアイヌ　イワンケノ　アンヤー〟

「元気で　あなたたちはいましたか」、「あなたの　父は　元気で　いますか」などです。

一番丁寧な挨拶言葉は
〝イランカラプテー〟（イ＝それ、あなた　ラム＝心　カラプ＝触れる　テー＝させる）

「あなたの心にそっと触れさせていただきます」で、しゃべるときはラムがランとなります。

何回も会って顔見知りになったら、「萱野さんへー」と打ち解けた調子になりますが、

「へー」と言い合うようになるにはしばらくかかるでありましょう。

幼年時代、少し大きくなって少年時代は道で大人に会うと

〝フーン　ポンはちめソモネヤー〟

「あー　小さいはちめではないかなー」と母の名前を言って、小さいはちめだなーと、言ってくれたものでした。

したがいまして、改まっての挨拶はイラムカラプテーのほかは、子供にあるいは目上の人へ、あるいは年下の者への言い方はそれぞれで、その場面ごとで同じでなかったものです。

ついでに、さようならに相当する言葉はと言うと

〝サランパキ　アンナー〟

「いとまごい」あるいは

〝スイウヌカラ　アンロー〟

「またお会いしましょうね」などです。

## ∞すてきな風習――ウゥェヨップリ∞

日本語風に言うと自分より年下の人へ兄、あるいは姉と呼んだとしたら大変失礼な言い方になるでありましょう。アイヌ語で〝ウゥェヨップリ＝お互いを尊敬し合う風習〟として、年下の者に対しても兄、あるいは姉と呼ぶことになっています。したがって兄上あるいは姉上と呼ばれること、それは、尊敬の念が込められている場合です。

クマ送りのときに祭司を勤めて下さる方に対しては〝チャイヌコロクル〟（チ＝それ＝その人、アイヌ＝人、コロ＝、クル＝人）と言います。

〝チ　アイヌ　コロ　クル〟

「人として、人間として、男として、最も大切にされる人」という意味で、しゃべるときにはチャイヌコロクルになります。

アイヌ社会では、アイヌという言葉は本当に行いのいい人にのみ、アイヌと言うものであり、悪い人にはアイヌと言わずに〝ウェンペ＝悪い奴〟と言うものです。

萱野茂　創作民話

# 穴の空いた丸木舟

## ーエカシの知恵ー

## 穴の空いた丸木舟――エカシの知恵――

わたくしは一人のアイヌの少年で、父親アレㇰアイヌが付けてくれたアイヌ語の渾名をウナヤンケと言いますが、この意味は日本語で木灰を上げる奴ということです。

昔のアイヌの家というのは家の中に広い炉があったものです。炉の中に焚き火があり、いつも火が燃えていましたが、冬の日に外で橇に乗って遊び、寒くなると家へ帰って来ては炉端に座り炉の中へ両方の足を入れて足を暖めます。

そのときに足に木灰がついたまま家の中を走り回ると、足の形そのまま床板の上に木灰がべたべたと白く残るものでした。

木灰のことをアイヌ語でウナ、ヤンケは上げる、という意味ですので、ウナヤンケ＝木灰をあげる奴、と父が言ったのが渾名になったわけですが家族の他は誰も知らなかったでしょう。ちなみに、貝沢てきさんという小母さんが私に付けたアイヌ語での渾名はチェホタシヌㇷ゚＝利口な子供、行く末に期待し末恐ろしさのある者（チェ＝それ、しげる　ホタシヌ＝期待する、不安を持つ　ㇷ゚＝者）といい、略してチェホでした。

そして、日本語での名前はしげるというが、父と二人のときにはウナヤンケ、と、わたくしを呼んだが人前では日本名の方で呼んでくれていました。

家族は兄が二人、姉が一人に弟や妹も生まれてきました。

祖母はてがってという名で、この意味はこの子供が生まれたので働き手が増えたということです。

祖父はドッカラム（ドッカ＝育つ、芽生える　ラム＝思い）といいますが、この子が生まれたことによって、子孫が繁栄する、という名前でアイヌは子供に名前を付ける場合も、親の希望を子に託する付け方をします。

ある日、わたくしが十三歳くらいのときでしたが、祖父ドッカラムエカシがわたくしと兄を誘って、沙流川＝シシリムカの上流ペッカントという所へ行くことになりました。

それは、アイヌ語でチマキナというウドの実が黒くなった季節、それは八月の中過ぎ、この頃になるとサキペ＝夏の食べ物というマスが小沢へ産卵のために入っているのです。

小沢へひしめき合って遡上しているサキペを捕って焼き干しにして持って帰って来て言葉の通りに、サッイペ（サッ＝夏、イペ＝食べる）、夏の食べ物にしようというわけです。

ドッカラムエカシの話では毎年夏になると行っている場所なので上等ではないけれども仮小屋もあるし、少し古いがチプ＝丸木舟もあるので、戻りは舟で帰ろうということでした。

兄であるオトロルシ、わたくししげると、ドッカラムエカシの三人で行くことになりました。持っていく道具はタシロ＝山刀、マキリ＝小刀、ス＝鍋、鍋は汁用と飯炊き別々、ピリケㇷ゚＝精白のヒエと米、それに塩、チケンキ＝マッチなどでした。

マッチが駄目になったときに困るのでと、エカシは昔狩りに持ち歩いていた物だが、と言って古いぼろぼろになったカロㇷ゚＝火起こし用具入れ袋を持ちました。

カロㇷ゚という袋の中には、カㇻカネ＝火打ち鉄、カㇻスマ＝火打ち石、カㇻパㇱ＝火起こし粉炭などが入っています。それらを見ると手垢で汚れたのか古ざめたのか、クリの実の皮をもっと黒くしたように黒く光っていました。

わたくしがその古びた道具を見て、エカシそれで火が付くのかい、と聞くと、エカシは「にやり」と笑って、「マッチよりはずーっと頼りになるさ、使うことが無い方がいいけどね」と言いました。

後になってこの古い道具のお世話になろうとはこのときは夢にも思いませんでした。

もう一つ、マス捕りに必要な道具マレㇷ゚＝回転銛（マ＝泳ぐ、レ＝させる、ㇷ゚＝物）、泳いで行って魚を捕って来させる物という銛です。

この銛は、鉄の部分が大人の親指と中指を曲げ半円にしたような形の物で、それを舟形の棒に縛り付けて使います。軽くて本当に使いやすく、魚に向けると間違いなく魚を捕ってくる道具です。

このマレㇷ゚を、兄オトロルㇱとわたくしの分、それにエカシは昔から自家用として持っていた古びたのと、三人分三丁を銛の根元の縄を取り替え魚を捕る現場で長い柄を取り付けるばかりにしました。

それら、マッチと火起こし用具とトマというゴザ、古い毛布、鍋、塩、山刀、小刀、ヒエの精白と米、マレプなどを、ニイェシケという荷物を背負う道具に三人分別々に縛り付け、出発するばかりに準備し、明日に備えて早めに寝ました。

次の朝、東の空がうっすらと明るくなった頃にエカシに起こされ、朝ご飯を大急ぎで食べて上流のペッカントへ向かい歩きはじめました。

途中ペナコリ、ペトウェカリ、ニオイ、ヌプキペッ、スプンを通り、目的地のペッカントに向かいました。

歩きながらであってもエカシは口を休めることなく、沢があれば沢の名前を教えてくれるし、木があれば木の名前を高い山があれば山の名を聞かせてくれます。他にも食べられる草か、毒草かなど、それはそれは大変な物知りです。

そのうえ、七十歳過ぎているエカシの足の速いこと、少年であるわたくしは小走りに付いて行き、のんき者の兄オトロルㇱは、エカシの話は聞き飽きたと言わんばかりに少し遅れて来ています。

エカシの話を聞きながら歩いているうちに目的地のメムの向かい側、ペッカントという沢の入口に到着しました。辺りを見るとヌカビラ川本流から少し離れた所に小高い丘があります。

丘の上、と言ってもそれ程高い丘ではなく、かなりの大雨が降ったとしても、水が付かないぐらいで、その上にエカシの仮小屋はありました。

近づいて見ると小屋の広さは大人が六人ぐらいで手をつないで円を書いたぐらいの大きさ、背の高い人なら頭が梁にぶつかるかと思うほどに低い高さでした。

一年に一回か二回来るだけの小屋ですが、屋根は野萱で葺いてあって雨漏りはしないと思うが、壁はカツラの木の皮を重ねて立て掛けてあるだけの、まったく粗末な小屋でした。

エカシが背中の荷物を下ろし、沢の方へ下りて行ったので私も後へ付いて行ってみると、大人が三人やっと乗れる大きさの小さい丸太舟がありました。その舟をやや大きい石を台にして伏せてありましたが、舟底をチプタチカプ＝キツツキが突《つつ》いて大人の掌《てのひら》よりもやや広く細長い穴が空いていました。

それを見たエカシは、チェッと一つ舌打ちをして、「チプタチカプ＝舟を掘る鳥、キツツキが、舟底に穴を空けてしまったか、帰りにはこの穴を塞がないと乗れないなー」と一人言を言っています。丸木舟を伏せるのは、上へ向けたままにしておくと雨水が舟の中へ溜まり、冬になると水が凍って、舟が広がり割れてしまうので、冬の間は伏せることになっています。

舟を見た後に小屋へ戻りゆるんだ壁を縛り直し、薪を集め、それらの仕事をしながらエカシは孫であるわたくしに、野宿のための場所選びに必要な知識、灌木が斜面なりに下へ倒れている所は冬は雪崩、夏は土石流の恐れがあるなど、いろいろと聞かせてくれました。兄であるオトロルㇱは、しばしばエカシと来ているらしく、そこらを歩き回って湧き水のある水汲み場所のそうじやら、夜になったら火にくべる薪集めなどをしています。

そのうちにエカシはマレㇷ゚に長さが一尋半くらいの柄を付けて、夕食のときに食べるためのサキペを捕りにペッカントの沢へ行こうとわたくしのマレㇷ゚にも柄を取り付けてくれました。沙流川本流は水量が多いためマレㇷ゚を使うことが無かったので、本物のマレㇷ゚で本当にサキペを捕るなど初めてで、胸をドキドキさせながら沢へ入って行きました。

エカシの話では時期的にまだ少し早いらしく、サキペは沢へあまり入っていないなーと言いながら、それでも少し行くと何匹かのサキペが見えたので足音をたてないように沢の縁へ近づきました。

わたくしにエカシは目で合図をしてあれを突けという顔をしたので、一歩進んでエイッとばかりマレㇷ゚を突き出したが、魚に当たらず、バシャッと水音をたててマスは逃げてしまいました。

それを見ていたエカシはマレㇷ゚はこう構えるんだと言わんばかりに軽く一突き、一匹のサキペを突き捕りました。

わたくしが別の魚にマレㇷ゚を向けるとエカシは、三人での夕食には一本で十分さあ戻るぞ、とわたくしをたしなめました。わたくしはしぶしぶエカシの後へ付いて小屋へ帰りました。

兄オトロルㇱは小屋の中で火を燃やしご飯の鍋を掛けており、エカシは今捕ったばかりのサキペを三枚に身下ろしをして、背骨と頭と半身の部分をぶつ切りにして汁鍋に入れました。残りのうち一串ずつ三本のイマニツ＝差し串に差してやや多めに塩をふりかけ火の側へ立てて、ゆっくり焼き、焼けたのを見てからエカシは串のままで身の部分を軽く左手で握り、串を右手に握ってぐるっと回して抜きました。

このまま冷めると串に魚の身がくっつくものだ、だから焼けたらすぐに串を抜けばいいのだよ、と言いながら焼けた魚を、きれいなフキの葉を皿代わりにのせてくれました。

そのうちに日が陰り、辺りが薄暗くなり晩ご飯の前にエカシは火の神を通じて諸々の神にお祈りをしました。そして、ご飯に塩汁、焼き魚の夕食、そのおいしいこと、おいしいこと腹いっぱい食べ、食べ終わるとエカシがユカㇻを語り始めました。

タパンユカㇻ　タパナッネ

アイヌパテッ、ヌルスイペ
ソモタパンナ　イッケウェタ
イウォロコロカムイ　コエドレンノ
クミッポウタㇻ　クヌレクス……

このユカㇻ　これこの物語
人間だけが　聞きたいもの　ではありません
一番は　狩場の神さま
それらと一緒に　私の孫たちに　聞かせるために……

と続いています。

夜にだけ声を出す鳥、フクロウは、ペゥレㇷ゚チコイキㇷ゚フーム、ペゥレㇷ゚チコイキㇷ゚フーム、と遠くや近くで聞こえ、ホチコッ、ホチコッ、と鳴く声や、人間の口笛のような声を出すマゥシロチカㇷ゚が、ピーッ、ピーッ、という声も聞こえます。

エカシのユカㇻを子守歌代わりに、囲炉裏の側に古い毛布を被ってごろりと横になり、いつの間にかぐっすりわたくしは眠ってしまいました。

夜中を過ぎた頃から雨が降り始めて、夜明け近くはかなり強く降っている音がしていましたが、幸いなことに小屋は雨漏りしませんので、ゆっくり寝ていました。

夜が明けてからエカシが起きて外へ出て見て、うれしそうに声を出して言うことには、この雨で水量が増えると、本流の淵に溜まっていたサキペが小沢へ産卵のために遡上を始める、とのことです。

兄オトロルシが起きて朝ご飯を用意して、三人で食べ終わり、しばらくの間は雨が降り止まず、夕方近くにやっと雨が止みました。

すると、エカシの言葉通りにペッカント沢の水量が昨日よりは増えて、水の音も少し高く聞こえるような気がしました。

ここへ来て三日目の朝、沢へ下りてみると一昨日はあまり見えなかったサキペが、カムイユカラで聞いたことがある風景そのままに、水面を泳ぐ魚は天日で背が焦げ、川底を泳ぐ魚は石で腹を擦り剥けるほど、ひしめき合って遡上して来ていました。

その様子を見たドッカラムエカシは、両方の手で長い髭をしごきながら、しげる、これから忙しくなるぞという顔で、わたしの手を取りマレプの使い方を教えてくれました。

ヤナギの棒を削ったイサパキッニ＝魚の頭をたたく棒、を腰に差して、マレプを使ってサキペを次から次と突き上げ、頭をたたいてはそこへ置き、背中で背負える分は背負って小屋へ運びました。たくさんのときはえらぶたにブドウ蔓を通して沢の中を流して引っ張って来ます。

エカシはその魚を背割りにして焼き、焼けた分を火棚の上に乗せて下で火を燃し、干し魚を作り、干し上がった分をサラニプという袋に入れて小屋の隅に積み重ね、筋子は塩漬けにしました。

一日二日と干し魚を作り、帰りは三人で背負っていくつもりでしたが大漁なので、穴の空いた丸木舟を明日修理して乗って帰ることにしようと、エカシが言いました。

干し魚の荷物には雨が当たっても濡れないようにと、広いフキの葉を何十枚も、もぎ取って来て、さっと火に炙《あぶ》ると柔らかくなるのでそれを何枚も重ねてくるみました。フキの葉のそぎ方についても、葉のすぐ下を一握り握って、ぽきっと折って下へ引っ張ると、葉の下へ皮が付き後で紐というか縄の役目になることを教えられました。

これでよし、少々の雨でも干し魚は濡れないとエカシは言いながら、フキの葉の利用法を孫であるわたしに教えてくれたわけです。

明日丸木舟に乗って川を下って家へ帰れると思うとうれしくなり早く明日になればいいなあーと思いながら日暮れ近くになると、急に空が暗くなりゴロゴロッと、カムイフム＝雷の音が鳴りひびきました。

それと同時に稲妻が走り、大粒の雨が降り始めましたが、それは雨粒というよりも、太い沼萱を並べて立てたような降り方で、少しはなれた所のヤナギ原も見えないぐらいの強さです。

小さな小屋の中でエカシと三人で身をひそめ、息を凝《こ》らして雨の止むのを待っていましたが、雷雨《かみなりあめ》らしくなく、なかなか雨は止まず雨脚はますます強くなるばかりです。

日はとっぷりと暮れ、辺りは真っ暗、雨漏りはしないとは言いながら、雨ばかりでなく風も出て来て、横風に煽られた粗末な壁は吹き倒されそうになりました。

いつの間にやら小さな焚き火の火は消えてしまい、小屋の外は雨と風はますます強まり、三人が身を寄せ合ってじっとしている他ありません。

止むであろうと思っていた雨は激しさを増し、ソランーソランペコロ＝滝のような雨、とはこのこと。火が消えてしまったので、兄オトロルㇱがもう一度火を焚こうとしましたが、うっかりしてマッチも濡れてしまいました。

困っている兄を見ていたエカシは自分のカロㇷ゚＝火起こし用具入れを取り出し、自分の体で隠すような格好で上半身を丸めて、懐の中でカチッと火打ち石を打ちならし、あっという間に火種を作ってくれました。

風にあおられながら必死に火を燃し続けました。夜中過ぎになっても雨は止まず滝のように降り続き、目の前の小沢ペッカントは水嵩が増し、昨日までは走って行って飛び越えた沢も腰ぐらいに深くなり、もうすでに沢ではなく川になりました。

ヌカビラ川本流も見る見るうちに水嵩が増して、小高い丘であったはずの小屋のある場所と水面とが平らになりそうに見えました。

エカシの顔色も心配そうに壁の間から外を見ているし、静かであった流れの音も物凄い音に変わり、小屋の近くに伏せてあった丸木舟の舟縁に近く水が寄って来ました。

このままだと間もなく小屋まで水が付きそうになったそのときに、本流の水の音が急に静かになり、水嵩がぐんぐんと減り始めました。

その様子を見ていたわたくしが、雨脚は前より強いのに水量が減ってよかったねーと、エカシに言うと、エカシの顔色がさっと変わりました。

大変だ、すぐ近くでシリホルッケ＝山が滑って川が塞ぎ止められた塞ぎが切れたら、オキムンペ＝山津波が押し寄せて来る、この場所も小屋もろとも流される、さあ急いで逃げよう。

エカシは老人らしからぬ身軽さであの穴空き丸木舟へ走り、兄オトロルㇱと二人で伏せてある舟を起こし、フキの葉に包んであった干し魚の荷物や鍋など舟の側まで運びました。

荷物が並んだのを見たトッカラムエカシはさっとばかり舟底の穴の上へ腹這いになり、自分の身体で舟底の穴を塞ぎ、高い声で、オトロルㇱ、ウナヤンケ、エカシの上へ荷物を並べその上へ座って舟を押し出せ。
ためらうわたしや兄を叱りつけ、このままここでいたら三人とも死んでしまう、急がないと山津波がもうすぐ来るぞ。川を見ると先ほど止まった濁流の水量が音も無く水嵩を増し始めました。

ためらいは死につながってしまうことが目の前に分かり、意を決して兄とわたしはエカシの身体の上へ干し魚の包みを並べその上へ静かに座りましたが、そうしたところで重さが軽くなるわけではありません。

重さを感じたエカシはさあ舟を押し出せと言うので、沢であったペッカントも腰より深い川になっているので棹で舟を押し出しました。舟底の穴を身体で塞いでいるエカシの腹は砂利に擦っているでありましょう。

東の空がうっすらと明るくなり、上流を見ると川が塞ぎ止められた堤の上を水が溢れ、茶色の大滝のように見え、一刻の猶予も許されないことが見えました。

エカシは荷物の下でうめくように声を出し、クミッポウタㇻ　ホクレヤン＝孫たちよ、それ急げ、今はの際にはアイヌ語での指示が飛び出てエカシの痛さを知りながら、ざざっ、ざざっと石に舟底を擦りながら舟を出しました。

流れに浮かんだ丸木舟は矢のような速さで川を下り、兄は舟の尻の方で棹で舵を取り、わたくしは舟の頭の方の荷物の上に座り後ろを見ると茶色の大滝の堤が一気に崩れ落ち山のような山津波となって流れ、あの仮小屋もあっと言う間に濁流に消えてしまいました。エカシの判断が一歩遅かったら、それにしても自らの身体で舟底の穴を塞ぎ危機一髪で二人の孫の命を救う、エカシの知恵と決断、舟底に身体を横たえているエカシは。

さきほどまで聞こえていたかすかなうめき声も聞こえなくなり、だからと言って荷物を上げてエカシを起こしたら三人とも濁流にのまれるでありましょう。

矢のような速さで舟は下り、ヌキペツ、ニオイ、ペトウエカリ、シシリムカ本流に出て、ペナコリを左へ見ながら、ピパウシコタンの下へ着きました。岸を舟へ着けた兄が、丸木舟の船縁をたたき音を立てて、危急を知らすペゥタンケを二声三声と叫ぶと、村の方から返事のペゥタンケが返って来ました。

船縁をたたくただならぬ音と、ウォーイ、ウォーイというペゥタンケの声を聞いた村中の村人が河原へ走って集まり、大急ぎで荷物を上げて、その下からトッカラムエカシを抱き起こすと、虫の息の下から、オトロルシは、ウナヤンケはと最後にわたくしの、アイヌ語の渾名で安否を尋ね、無事を確かめ安心したかのようにエカシはぐったりして死んでしまいました。

エカシの身体は腹の皮は破れ、はらわたはちぎれちぎれ。このようになりながらも二人の孫の安否を尋ねる精神力。

わたくしは土の上へぺたんと座って死んだエカシに取りすがり泣くばかりでした。

村人の手によって、エカシの野辺送りも無事に済みましたが、嵐の夜に急に水量が減りよろこんだわたくし、それは山津波の恐ろしい前触れであったことをエカシに教えられました。そのことをみんなに聞いてもらうために長々としゃべりました。

ということで、わたくし、アイヌ語での渾名をウナヤンケ、日本名はしげるですが、恐ろしかったこの話を終わります。ではまた次にネ。

## 第三章

# アイヌの神さま

## アイヌと神

### ∞表の国土と裏の国土∞

アイヌは、アイヌ民族が現在住んでいる明るい国、これを〝カンナモㇱㇼ＝表の国土〟と呼び、表の国土に暮らしているのはアイヌを含めて精神のいい神々が住んでいると考えていました。

精神の良くない神々や人間が死んだ場合に行く先は〝ポㇰナモㇱㇼ＝裏の国土〟で、その国には、目に見えるこの国土と同じように海も山も川もあって、先に死んでいった者たちは、全部そこに普通に暮らしているものと信じられています。そして何かアイヌのために悪いことをした神がいたとしたならば〝ポㇰナモシリ　アコオテレケ＝裏の国土へ蹴り落とす〟と言って送り返します。

老人が亡くなって引導を渡すときの言葉の中では、先に死んでいっている先祖の名前をきちんと教え、道案内はこの墓標がしてくれるので迷わずに先祖が待っている神の国へ行きなさいと教えるものです。死者がこの墓標の上端を手で握りしめ、それを杖にして神の国へ導かれていくものだと信じていました。

アイヌはこの墓標のことを〝クワ＝杖〟と言い、男性用は〝オッカヨクワ〟、女性用は〝メノコクワ〟と言います。別な呼び方として〝ライクㇽコアㇱニ＝死んだ人の所に立つ木〟と言うこともあります。

墓標を作る木は、〝チクペニ＝えんじゅ〟か〝プンカウ＝どすなら〟で、その他の木は使いません。いずれも御神体を作るときに使う木です。近所で人が亡くなったら、年輩の人と一緒に若者数人で近くの山へ木を伐りに行きます。これならよいと思う立木の側へ行っても一言も口をきかずにまた別の木の方へ移動します。墓標にする木を伐りに行ったときは、立ち木に聞こえるように「この木がいい」とか「この木は悪い」などと言ってはいけないことになっています。それは選ばれた木はよいけれども、選ばれなかった木はどうしても墓標になりたがって、続けて人が死ぬものだと考えられているからです。

そんな注意をしながら太さ十から十五センチの木を二メートルくらいの長さに切ってきて、皆で墓標を作ります。墓標作りは一人だけでしてはいけないことになっています。それは削り方や紐のかけ方など、作る工程に間違いがあってはいけないからで、何人かで監視し合い、分からない点があると先輩の老人たちに聞いて確かめながら作ります。

男の墓標は槍を象《かたど》って作ります。まずきれいに皮を剥ぎ取り、約二十センチの長さに穂先を作り、その前面に窪みを彫ります。次に丸太の部分へ男の指二本分を残し、そしてその下に指一本分の溝をぐるりとつけ、その下を指三本分ぐらい残して今度はだいたい手の幅いっぱい、つまり指をそろえたときの親指の外側から手刀のところまでの幅だけぐるりと窪みをつけます。そして、穂先の前面につけた指一本分の溝に消し炭を塗り、手の幅いっぱい分の溝にはウトキアッと呼ぶ紐を巻きます。

女の墓標は針を象って作ります。上の方を丸く削って、真ん中に穴を開け、そこに黒い布を通します。ちょうど針のみぞ穴に黒い糸を通したような形に作ります。そして男の墓標と同じように上下二つの溝をつけます。

ウトキアッは、その家のお婆さんが作り遺しておく紐で、家族の誰かが死ぬと墓標にこの紐を巻きます。すると死者が神の国へ行ったとき、先祖のお婆さんたちがその紐を見て迎えにきてくれるものだと信じられています。昔はどの家にでもたくさん作ってしまってあったものです。シナの木の皮を剥いできて沼に漬けて白く晒したものを乾燥させ、細く裂いてよった白糸二本と、クルミの皮を煎じ煮詰めた汁でシナの木の皮を黒く染めて作った黒糸二本の合わせて四本の糸を編み合わせて作った紐です。ウトキアッ一本の長さは、墓標の太さによっても違いがありますが、だいたい十メートルぐらいになるでしょう。というのは、直径十五センチの墓標だと一巻きが五十センチ弱になり、手の幅の溝に二十回前後巻き込むことができるからです。

ウトキアッの巻き方はぐるぐるとらせん状に巻いていくのではなく、一周ごとに紐を絡ませながら行きつ戻りつさせて上から順々に巻いていきます。この絡み目はたてに一直線にそろえますが、その位置は男の墓標の場合は正面から見て左斜め前にくるように、女の墓標の場合は右斜め前にくるようにします。墓標の下の方は削ってとがらせておきます。

このようにして作られた墓標は入口から家の中に入れ、入って左のすみに立てかけ、最初に火の神に、

タパンクワ　タパナㇰネ
テエタオイナ　オイナカムイ
テㇰルコチ　アコイカㇻクニㇷ゚
ネワネクス　アイヌウタラヤイェコテ
カㇻぺソモタパンナ……

この墓標このものは、
昔々アイヌに生活文化を教えて下さった神、
オキㇰㇽミの神の教えそのままに作ったもので、
アイヌが勝手に作ったものではありません……

と報告し、この墓標を作ったことによって人間に祟りがおよぶことのないようにお祈りを重ね、続いて死者にも「これ、このように立派な墓標ができました。明日はこれに導かれて神の国、先祖の国に行って下さい」と言い聞かせます。

墓標に塗った消し炭は火の神の分身としての霊力を持ち、火の神の印であって、そこから光が放たれて死者の霊が行く道筋を照らすものだと信じられています。

あちらの国の様子のことは、仮死した人がもう一度生き返ったときに聞いた話によれば、「私はいい気持ちで眠ったような具合で、ずーっと暗い穴の細道を通って行くと、急に光が見えて来ました。先に死んだはずの身内が次から次と見えるが私の姿は見えないらしく、声を掛けてくれませんが犬だけは私を見て吼えかかってくるので、犬を避けながらずーっと行きました。

一軒の家に入ると、前に亡くなった父がいて、お前はここへ来るのにはまだ早いから大急ぎで戻りなさい、と言うので、戻ったように思った途端に目を覚ましました」という具合です。

誰も行って見てきたわけではないけれども、湿地の国とか濡れたじめじめした国とか〝チカプサッモシ<sub>リ</sub>＝鳥のいない国〟とか〝ニタイサッモシ<sub>リ</sub>＝森のない国〟とも言われます。

この二風谷村にも、カンカン沢の〝オマンルパ<sub>ラ</sub>＝冥土への入口〟と言われる穴があるのと、今一カ所町内振内《ふれない》と仁世宇《にせう》の間にもオマンルパラがあります。この二カ所は私の目で確認してありますが、二風谷の〝オマンルパラ＝冥土への入口〟という穴へ入った貝沢善九郎という人が早死してしまいました。

悪い神を蹴り落とすポクナモシリという言い方とは別に〝テイネモシリ＝湿地の国あるいは濡れたじめじめした国土へ追い落とす〟という言い方もあります。

では、悪い神とはどんな神かと言いますと〝ウェンカムイ＝悪い神〟とは具体的に、あの神とかこの神というのではなくて〝ウウェペケレ＝昔話〟の中に出て来る者で、ときにクマであったり、キツネであったりします。

反対にアイヌの若者と結婚したためすジカの神さまが、精神の悪いそのアイヌの男を神の力で、湿地の国へ蹴り落とすという昔話もあるので、悪い場合は人間が落とされることもあるわけです。つまり、アイヌのために役立つのが精神のいい神、役に立たないとアイヌの側から一方的に精神の悪い神とされ、神の側からすると迷惑な話です。

例えばたくさんある樹木のうちでも、家を建てるときに地面にそのまま埋めて柱にしても腐りにくいエンジュの木とかヤチカンバの木は、精神のいい木として大切にします。その反対に、柱にしても二年か三年で腐る木であるドロヤナギの木を、アイヌは精神の悪い木としていて、そればかりではなくこの木を火にくべるとその煙を慕って病気を撒き散らす神が集まるので燃やすなと言います。

## ∞カムイイワッテ＝神を帰らす∞

アイヌが考える神と言うと食料を供給してくれる自然を最初に思い浮かべますが、必要に応じて自分の手で神を作ることもあります。その神の役目が終わった時点で解体し神の国へ、空のかなたにあるという天国へ送り帰らすことを〝カムイ　イワッテ＝神を送り帰らす〟と言います。

必要に応じてとはどのような場合かと言いますと、近くの村で流行性感冒のような病気が発生したという噂が聞こえたときに、大急ぎで村の入口に病気を防ぐ神を作ります。

どのような神かと言うと、御神体になる部分の材料を〝アユシニ＝俗にタランボ〟という刺のある木を用いて作ります。アユシニは人間が素手では触れない刺だらけの木です。

人間も触れない刺が生えている木なので、この木で神を作ったならば多分病気の神もこの刺を怖がり、村へ入って来られないであろうという願いを込めて作る神です。

この神のことを〝アユシニ　カムイ＝刺のある神〟と言って心臓には囲炉裏の消炭を包み込み、刀と槍はヨモギを用います。

ヨモギという草は人間国土に最も早く生えた草とされています。それでヨモギの槍やヨモギの刀で刺される、あるいは斬られた魔物は絶対に蘇生できないものと信じられていますが、ヨモギに対しては次のような言い方をします。

アイヌモシㇼ　モシㇼソカタ
アキヤンネレㇷ゚　ノヤネクス
ノヤオㇷ゚アㇴ　ノヤエムシアㇴ
アドイェㇷ゚　アオッケㇷ゚
アナッネ、ヤイカッチピ
エアイカㇷ゚

人間国土　国土の上に
最も年上の者として
大切にされるものは　ヨモギなので、
ヨモギの槍で　ヨモギの刀で
斬られた者　刺された者は
蘇生することが　できないものだ

ヨモギというと弱々しく聞こえるかも知れませんが、北海道のヨモギは秋になると割る前の割り箸よりももっと強いものですので、右のような理由で大切な材料として使います。

そして、もし病人が出た場合に病気を治してもらうために〝アイヌ　エプンキネ　カムイ＝人間を　守る　神〟を作りますが、御神体はエンジュまたはヤチカンパという木を使います。えんじゅのことをアイヌ語で〝チクペニ〟（チ＝私たち　ク＝飲む　ペ＝滴　ニ＝木）といって、この木に対しての言い方は

キムンイゥォロソ　イゥォロソカタ
シランパカムイ　インネヤッカ
パワシヌオッタ　ラメトコロケ
サクサドラ　アノドワシ……

山の狩場に　狩場の上に
樹木の神　大勢いるが、
雄弁も　度胸も
その薫りとともに　最も頼れる……

と、ありったけの誉め言葉で誉めます。

この木の滴を飲むと薬になるし、家の柱にすると二十年は腐らない木なので御神体として神を作るものです。

もう一つの御神体に用いられる〝プンカゥ＝ヤチカンバの木〟は柱にしてもエンジュより強く二十年以上持ちますので、この木も精神のいい木として大切にされるわけです。

ここへはアユシニカムイ、チクペニカムイの二種類を書きましたが、この他に〝チセコロカムイ＝家の守護神〟などがあり、それぞれの役目によって作り方も多少違います。

さて、これらアイヌ手造りの神たちを役目が終わった時点で神の国へ送り返すことを、

〝カムイ　イワッテ〟

「神を送り返す」あるいは、

〝カムイ　ホプニレ〟

「神の尻を起こして　送り帰す」と言います。

長い年月の間アイヌを守り、役に立った神であれば、わざわざお酒を醸《かも》し、団子を作って近所の人たちを招待して、口々にお礼の言葉を述べながら、神を目の前に飲み食いをします。

そうしてから、上座の窓から外へ出し外の祭壇の前へ立てて、もう一度お酒を上げてか

ら、これらたくさんのおみやげを持って神の国、天国へ帰ったらもう一段上の神として遇せられるでありましょう、そう言いながら、衣であるイナゥを外し、ヨモギの槍やヨモギの刀も取って、心臓として包まれてあった消し炭を解き、御神体を東方へ向けて神送りが終わります。
　これら神を作るも送り帰すも作ったアイヌの自由でありますが、一連の作業の中で忘れてはならない言葉があって、それは次のような言葉です。

タパンイニスッ　タパナッネ
チヌカラアイヌ　テケカㇻクニㇷ゚　ソモタパンナ
テエタオイナ　オイナカムイ
テッルコチ　アコイカㇻペ　ネヒタパンナ……

この神造り　これこのことは
目に見える人間が　勝手に作った神ではありません
ずーっと昔にアイヌたちにものを教えた神　オキクㇽミ神
その神の教えに従って　私たちは造った神でありますよ……

神を造るというか、組み立てるというか、そのときの言葉を含めて自分たちが勝手にしたのではなく、オキクルミ神の教えに従いましたと責任を神に転嫁することを忘れません。

これは作るときも送るときも言う言葉でありますが、特に人が亡くなり葬送用具である墓標を作る場合は必ず付け加える言葉で、作った者たちに災いが降りかからないようにという呪い言葉になるわけでありました。

アイヌの風習に因る葬式が取り行われていた昭和四十年頃までは、しばしば墓標造りに携わったものでしたが、この言葉がある限り祟りはないと信じて参加したものです。

## ∞アイヌの神とは∞

かつてアイヌは、日々暮らしている家の内側や外側にアイヌの神さまがいるものと信じていて、それぞれの神に名前を付けて呼称していたものでありました。

### ミンタラコロカムイ＝外庭の神

まず、家の外側というか、入口近くの外庭になる部分、始終歩いて土が踏み固められているその付近を守り、司っている神の名を〝ミンタラコロカムイ＝外庭を司る神〟と言います。
そして、何かを洗った水を外庭へ投げる場合には、必ず
〝ミンタラコロカムイ　シップ〟

「外庭の神よ、目を瞑《つむ》って」と声を掛けてから水を捨てます。

そうでないと、外庭の神がうっかりしておられて、目に水が入るようなことがあっては神に対して申し訳ないし、失礼に当たります。したがって必ず声を掛けてから水を捨てることになっていたものでありました。

家の中へ入る前にもう一つの屋外の神、それは便所の神で、忘れることができません。便所の神のことを〝ルコロカムイ＝便所の神〟と言いますが、この神のことを別名〝ラムドナシカムイ＝早く行動してくれる神〟と言って緊急の場合にはこの便所の神に助けを求めるのが一番良いものとされています。

緊急とはどのような場合を言うのかと言うと、子供が引き付けを起こしたときとか、その家の主婦のお産が重く二度三度と息が止まりそうになったときのことなどです。

そのときには女性が二人ないし三人が便所の前へ行って並んで立ち、左手に杖を持って右手で握りこぶしを作り、その右手を屈伸させ、自分の胸を強く打ち、右腕を前に突き出すと同時に右足に力を込めて大地を踏む。腕を突き出し大地を踏みしめながら〝ホマラペゥタンケ＝微かな声〟で、ウォーイ、ウォーイと叫び、便所の神をこちらへ向けさせ、かくかくしかじかで、アイヌが困っているので助けてほしいと言います。

そうすれば〝ラムドナシカムイ＝行動を起こすのが早い神、便所の神〟が助けてくれるものと信じていました。

かつては屋外に、〝メノコル＝女性用の便所〟と〝オッカヨル＝男性用の便所〟があるのが普通で、言葉の上ばかりではなく二カ所の便所があっても、実際に使われていたのは男性用だけであったそうです。

女性用のメノコルは、クマが女や子供を食い殺したときにだけ、クマ神に罰を与えるお仕置きの場として使われていました。人を襲ったクマの首を切り落としメノコルに入れ、頭から糞尿をかけるのです。

この風習はずーっと古い話で私は見たことはありませんが、古老から聞き、萱野茂二風谷アイヌ資料館、屋外に展示してある復元アイヌ家屋の付帯施設として男女別々の便所を作ってあります。

もう一つ、家の東側、上座の窓から見える所に、〝ヌサ＝外の祭壇〟といって諸々の神に捧げる〝イナゥ＝木で削って作った御幣〟を並べる場所がありますが、この祭壇を司る神を〝ヌサコロカムイ＝外の祭壇を司る神〟と言います。

## アパサムンカムイ＝戸口の側の神

家の入口を守る神は、〝アパサムンカムイ＝戸口の側の神〟と言いますが、もっと丁寧に言う場合は、〝エチリリケクㇽ＝酒粕が滴り落ちている男神〟〝エチリリケマㇰ＝酒粕が滴り落ちている女神〟と言います。

入口の両側を守っている夫婦の神と考えられていて、なぜ酒粕が滴り落ちている神と言うかと言えば、クマ送りとか新築祝などでは大量に酒を醸《かも》し笊《ざる》で漉《こ》すものですが、酒を漉し終わった笊を、水で洗う前に入口を守っている神の頭の上、家の内側の柱に、バシッバシッと何回かぶつけるようにして、笊についている酒粕を落とすことになっているのです。それが、入口を守る神に対してお礼の意味になるとかとて、このようにするわけですが、そうされた神は酒粕が頭から身体から滴り落ちているように見えます。それで〝エチリリケクㇽ、エチリリケマㇰ＝酒粕が滴り落ちている夫婦の神〟と言うのです。

この神を祭ってあるのを実際に私の目で見たのは、昭和二十年代隣村のペナコリの村長、川上サノウㇰノさんの家の入口にあったのを見た記憶が最後です。土台付きでガラス戸にガラス窓の立派な家でありましたが、内側の板壁にわざわざ入口を守る神を安置するために別に枠を付けてあり、言葉の通りに酒粕が付着していたものでした。

家の中へ入ったら家そのものを神と考えて、家の神の名前は、〝チセペンノキアンパカムイ＝家の上の方の軒を支え持つ神〟〝チセパンノキアンパカムイ＝家の下の方の軒を支え持つ神〟というのが家の神の正式名称です。

もっとやさしく言うと、家の東西の軒を支え持つ夫婦の神、ということで、新築祝には必ずこの名前を言いながらお酒を上げなければならないものです。

家の神さまの心臓は新築祝の当日、〝ロルンプヤラ＝上座の窓の両側に立ててある柱〟の頭の方、内側から見えないように、イナゥを大人の握り拳程の大きさに丸めて入れます。

これは〝チセサンペ＝家の心臓〟と言って大切なことで、忘れないように入れますが、古い家を解《ほご》してみてこれがあるとほっとするものです。

## アペフチ＝火の神さま

家の中でもっとも身近で最も大切な神、それは火であり、火に対しての呼称はいろいろとあり、〝イレスカムイ　モシリコロフチ＝私どもを育てる神　国土を司る神〟あるいは〝チランケピト＝天から降臨された神〟〝アペフチカムイ＝火の祖母である神〟〝パケドナシカムイ＝告げ口をする神〟などと言いますが、最も多く使う言い方は〝アペフチ＝火の祖母神〟です。

なぜ火の神を〝パケドナシカムイ＝告げ口をする神〟と呼ぶかと言うと、アイヌたちが明日はどこそこへ鹿狩りに行こうと言ったとします。すると、火の神はアイヌたちが行くと相談をした沢や山にいる鹿たちに、アイヌが明日お前たちのいる所へ行くから逃げろと、告げ口をして鹿を逃がしてしまうとアイヌは考えていました。それはすなわち、囲炉裏端で狩場の話をしてはいけないもの、狩場は個々人の秘密の場所であり皆が集まる火の側で言うなということで、他人に知らせたくないし知らせないものであったということです。

それを火の神が告げ口するからという言い方で、お互いを戒め合ったものでありました。

炉の上に〝ドナ＝火棚〟が下げてあって、その火棚に付けてあるのが〝スワッ＝炉鉤〟ですが、その炉鉤も神さま扱いで、家の中で何か見つからなくなったときに失せ物捜しをして下さいます。

何か無くなると炉鉤を紐で縛って、「炉鉤の神よ、あなたは家の中で年がら年中おられて、家の中の隅から隅まで見渡せる。

私の何々が見つからないので探してほしいものだ、それについては、あなたの身体をこの紐できつく縛る、ものが見つかるまで解きません。苦しかったら捜してくれ、ものが出て来たら解いてあげますよ」と言うわけです。

少年時代には何回か炉鉤を縛ってあったのを見かけたものでしたが、失せ物捜しばかりではなく、家出をした者を呼び戻すとかのために縛るものであると聞いたことがあります。

家の中では必要に応じて臨時に神を頼む場合もあり、それは一家の主婦がお産をするときの〝ウワリテッサム　エプンキネ　ウサルンアペ＝お産の傍らを　守るための　下座の方していました。

アイヌが考える神は偉い存在ではなしにアイヌと同じ目の高さと思い、神々と仲良く暮らの火の神〟などですが、その場その場で神を作るというか、頼むも頼まないも解任も自由で、

## 火の神の寝床作り

〝アイヌチセ〟（アイヌ＝人間＝人、チ＝我々、セッ＝寝床）を新しく建てたときに、最も大切な行事の一つが〝アペソプキカラ＝火の寝床造り〟です。

前の行で、〝セッ＝寝床〟としましたが、これは人間の寝床であって、神の寝床は別の言い方があって〝ソプキ＝寝床〟と言います。その寝床とは〝アペオイ＝火のある所〟、すなわち囲炉裏です。

その囲炉裏をしつらえる場合の約束ごとは、神の寝床を、火の神がお休みになる所、お眠りになられる所と考えてそれはそれは丁寧にしつらえるということで、この造り方は私の父、アレクアイヌに教わったものです。

家が仕上がり、炉にする所の土を、幅が約三尺、長さが六尺、ほぼ畳一枚分、深さは大人の臑《すね》の長さに近いくらいに掘り、山からきれいな落ち葉を叺《かます》にいっぱい集めて来ます。

その落ち葉を今掘った穴の中へどさっと入れ、がさがさ、ふわふわ、いい具合になって

いるところへ、今度は河原からきれいな砂利を持って来て落ち葉というか枯れ葉の上へどさっと入れます。枯れ葉は砂利の重みで薄くなるが、砂利はなるべく多く厚く入れて、その上に火山灰を十分に入れ、炉端で座って見て、囲炉裏の深さを決めます。

これが〃アペソプキ＝火の寝床造り〃であり父が私に教えてくれた手順ですが、平成十四年現在まで、観光用や萱野茂アイヌ資料館前の復元アイヌ家屋には、全部この作り方を守りました。

落ち葉はふわふわと空気を含んだクッション、砂利は大地からの湿気を遮断するためのもの、これによって炉が湿らないので、夜に寝る前に炉に埋めた火が消えることなく朝まで火種が残っているというわけです。

新築祝

新築祝のことを〃チセノミ＝家の神に祈る〃あるいは〃チセチョッチャ＝家に矢を射る〃と言って屋根裏にヨモギの矢を射る儀式をしますが、その前に新しい囲炉裏に火を焚くことになっています。

それは、新しい家に新しい囲炉裏、そこへ火を焚くことは火の神が誕生したという意味で、これも大切な行事の一つです。

最初に火を焚いてもらう人は、近所に暮らしている精神のいい、そして子供も孫も大勢いていわゆる子孫の繁栄している男の方に、というのが慣わしです。

このことは、その方にあやかりたいという心であろうと思いますが、自分の家に自らの手で火を焚くこともかまいません。

火が赤い炎を上げて燃え上がると、次は〝カムイノミ＝諸々の神〟にお祈りをして、一通りのお祈りが終わると、イナキビを粉にした生のままの団子を屋根裏へぶつけるように撒き散らします。

団子の大きさは大人の親指ほどの大きさで、撒くときに

〝ハルランナー　ハルランナー〟

「穀物が降ったよー　穀物が降ったよー」と言います。この家は屋根裏から穀物が降るほどに幸せであれかしの願いであるのです。

新築祝が終わると〝チセコロカムイ＝家を守る神〟を作りますが、御神体にする木を採るのは木の皮が剥《む》ける季節の春ではいけません。

秋とか冬には木の皮は剥けないので、その季節を選び〝カムイニスㇰ＝神を頼む〟ことになりますが、御神体には〝チクペニ＝エンジュ〟または〝プンカウ＝ヤチカバ〟の木を使います。

この二種類の木は家を建てるときに柱にしても、十年も二十年も朽ちることがないので、この木を御神体として用いることになっているのです。

太さ七センチ、長さ八十センチほどの御神体にする木に、火の神から魂をもらうと称して囲炉裏の中から熾火《おきび》を一個取り出し〝ドキ＝杯〟に水を入れておきその水へ熾火を落として火を消し、消えた消し炭を魂として使います。

刀はヨモギ、槍は〝チェホロカケㇷ゚＝上から下へ削ったイナゥ〟を、衣には〝イナゥキケ＝削ったイナゥ〟を付けますが、この神のことを〝チセコロカムイ＝家を守る神〟と言います。

別の言い方では〝ソパウンカムイ＝座の頭の方に居られる神〟あるいは〝ケンルパタ　ホラリカムイ＝家の東に鎮座する神〟などとも言われ、火の神は女神で、この神は男の神なので火の神と夫婦であるという言い方もあります。

## ワッカウㇱカムイ＝水の神さま

家から外へ出てみると、次は〝ワッカウㇱカムイ＝水の神〟です。

昔のアイヌたちが住居を選ぶときは、百年に一回あるいは数百年に一回の洪水が来ても絶対に流されない場所に家を建てました。

私が暮らしている二風谷を流れる川は、アイヌ語での名前を〝シシリムカ〟（シ＝本当にシリ＝辺り　ムカ＝詰まらせる）と言います。

明治時代に入ってから日本人が地図を作るためにやって来ました。アイヌに道案内をさせて歩き、「この川はなんという川か」「シシリムカ」「どういう意味があるのか」「洪水の度に上流から土砂が流れて来て河口が詰まるという意味です。」

「そうか、それなら砂流川《さる》と名付けよう」、これが砂流川の名前の由来ですが、現在は砂流川ではなく沙流川という書き方になっています。

その昔、沙流川流域には十四カ所の〝アイヌコタン＝アイヌの集落〟がありましたが、一段高い所にあるので、百年に一回どころではないような大洪水があったとしても絶対安全な場所です。

そして、近くに飲み水があることが最も大切な条件で、でき得れば冬でも凍る心配のない湧き水があれば言うことなしでした。

ここで少し、私の二風谷のかつての湧き水を見てみましょう。

平取の方から二風谷村へ入って、国道から右の道、かつては〝コタン＝村の道路〟と言っていた道を右に曲がると、貝沢イソンノアㇱさんの家の南側、山の麓の湧き水がありました。

この湧き水を近くの人たちは、カワエカのシンプイと呼んでいました。この名前の由来は、イソンノアㇱさんは川向かいの畑と村の間の川の渡し守をしておられたので、俗に川番エカシ（エカシ＝おじいさん）と呼ばれていて、それを略して川にいるエカシ、カワエカになりました。〝カワエカのシンプイ＝川のじいさんの湧き水〟（エカシ＝じいさん　シン＝シリ＝大地　プイ＝穴）〝シンプイ＝大地の穴から湧き出ている水〟という意味です。

二番目は二谷ニスクレㇰクルさんの〝ソラッキ〟（ソ＝滝　ラッキ＝落ちる）で、やや水量の多い湧き水なので太さ三十センチほどの丸太を二つ割にして樋を作り、滝にしてありました。樋から流れる滝の下へバケツを置き、水を汲むことができたのでいちいち柄杓を持っていく手間が省けたと、この水で育ったのが私の連れい子の話です。

三番目が私もその水で育った〝ポンオサッのナㇺワッカ＝小さいオサッの冷たい水〟ですが、これは湧き水の所へ直径一メートル程の木の洞を埋めてありました。

夜、水を汲みに行ったときに柄杓の底で水面をたたいて音をたて

〝ドワッカ　モーシモシ、ドワッカ　モーシモシ〟

「二つの水よ目を覚ませ、二つの水よ目を覚ませ」と呪い言葉を唱えながら水を汲みました。

アイヌの考えでは、水の神さまも夜は人間と同じに眠っておられるものですから、水音をたてて神さまの目を覚まして水を汲む、そうでなければ悪い神が水に毒を入れるかも知れません。

湧き水の木の洞の側へ片ひざを地面に付けて水汲みをしたことを、つい昨日のように思

い出すことができます。

四番目は、〝貝沢シランペノさんのカムイワッカ＝シランペノさんの神の水〟。シランペノさんは 昭和十年代の村おさ的な存在の方でしたので、その方の水汲み場に敬意を表して〝カムイワッカ＝神の水〟と言っていたものです。

五番目は、うめさんの〝シンプイ〟（シン、シリ＝大地　プイ＝穴）。この湧き水も平地にあったので〝大地の穴から湧いている水〟で、そしてその近くにいる人の名前を、水汲み場に付けるのが慣例であり、覚えやすいものでありました。

六番目は〝タナㇰシリのナムワッカ＝大地が盛り上がった所の冷たい水〟。この場所は二風谷村の上端の湧き水で、私が物心ついた頃はこの水を常時利用している家はありませんでした。

七番目は〝イルエカシのチャシ＝砦の湧き水〟。ここは発掘によって約五百年ほど昔の住居跡が見つかったところなので、あまり知られていない水汲み場でした。

昭和十年前後は正月になると誰が上げたのか分からないが、アイヌが削ったきれいなイナゥと鏡餅がそれぞれの水汲み場に供えてあったものでしたが、水道が全戸に行き渡り水の有り難みを村人は忘れている気がします。

アイヌ民族が水、つまり水の神に対してどのように考えていたかと言うと、本当に大切な神として扱い、大切なお祈りをする場合も、水の神に直接お祈りはできないほどでした。
例えば、大川の神へのお祈りをするときは次のように言います。

ワッカウㇱカムイ　イタカナッカ
チューラッペマッ　カムイカㇰケマッ
コドキアニ　クキルスイナ
アミタンネクル　カムイエカシ
タパンドキ　コドキライェ
チューラッペマッ　カムイカㇰケマッ、
コソンコアニワ　エンコレヤン……

水の神と申しましても、
瀬を司る　神の淑女に
この杯を贈りたいと　私は思う
そこで川ガニの神　神の翁に
この杯を渡すので

この杯を受け取られ
瀬を司る　神の淑女に
私からの伝言とともに　お取り次ぎ願いたい……

と続きます。

というわけで、位の高い神に対しては直接ものを申すことさえも遠慮するという具合であり、神とアイヌは対等な立場にあるものと言いながら、一歩下がってものを申すという謙虚な気持ちをきちんと持っていました。

そこで、水の神に対しての言い方ですが、いろいろとあって、最も大切な言い方は〝チュ－ラッペマッ　カムイカッケマㇰ＝瀬を司る神の淑女〟。他には〝ヌプルサントペ　アウレシパムカイ＝霊力のあるその乳汁で　私どもが子供を育てる神〟〝シシリムカ　ルウェサンカシ　コパセカムイ＝沙流川の　その流れに鎮座する　位の高い神〟〝ワッカウㇱカムイ＝水の神〟などなどです。

大きなお祭り、例えば〝キムンカムイオマンテ＝クマ送り〟のときなどは最高の言い方でお祈りをし、日常の簡単なお祈りには位の高い、偉い神の名を呼ばないように注意するものです。

これら水の神の名の数々は昭和十年前後、父と一緒にシャケ漁に川へ行き、刺し網を刺しシャケが網に掛かるのを待ちながらゆっくりゆっくり聞かされて覚えたものです。

## ∞人を惑わす神もいる∞

神のうちでも〝イカッカラ　ウェンカムイ＝人を惑わす　悪い神〟という神がおり、人間自身そのように思っていないのに、あらぬ方向に向かって行動を起こさせる話があります。それは現実の社会での話ではなく、〝ウゥェペケレ＝昔話〟〝カムイユカㇻ＝神が自らの話を語る話〟〝ユカㇻ＝ポンヤウㇺペという少年が波乱に満ちた一生を送る話〟などの中にしばしば出て来るものです。

私、萱野茂の本当の仕事、と言うと語弊があるかも知れませんが、一年に一冊ずつユカㇻ集（金成マツ筆録・萱野茂訳注　北海道教育委員会版　非売品）を出しています。

その本、平成十三年度で二十三冊目でしたが、私、ポンヤウㇺペという青年に天の国の〝カンナカムイ　ドレシヒ＝竜神の妹〟が恋をして、辺りの人々を惑わすという物語でした。それはそれは面白い筋書きで、次から次へと人は死んでいくが、最後には死んだ者は全部生き返って、竜神の妹が詫びを言います。人間に惚れた神の女が悪いので、人には罪はなかったということで終わります。

カムイユカラは神からアイヌに対しての注文話でありましたし、〝ユカラ＝ポンヤウムペ物語〟は、古いアイヌ語を覚えるのに役立ち〝ウコチャランケ＝アイヌ同志の話し合い〟に強くなるものです。

日本語でいうと、雅語的言葉がユカラには出て来るのでユカラを覚えるのは、その昔は一人前の男の教養科目であったのでしょう。

人を惑わす神の話はたくさん出てきますが、大抵は最後に惑わした神の方が人間に謝罪して済みます。人を惑わすのはクマ、キツネ、カンナカムイなどが多いものです。

## ∞コロポックル∞

小人伝説は世界中にあるものだそうですが、うちの村二風谷でもあります。〝ウウェペケレ＝昔話〟のように具体的なものではなく、そうであったそうだ、こうであったそうです、というものです。

例えばある老人が昼寝をしていたら何やら得体の知れない魔物が来て殺されそうになったときに大勢の〝コロポックル＝フキの葉の下に住む小人〟が来て助けてくれたなどです。ときにはコロポックルが村人に食べ物を運んでくれたとか、悪さをしない身近な小人であったようです。

それとは別に大木の洞の中に暮らしていたという話にからめて、私の萱野茂二風谷アイヌ資料館の側に太いカツラの木の洞に屋根をかけて、コロポックルの家を作りました。

これはお遊びに他ならないが、この村の伝説を生かした施設として、子供たちが中へ入って遊んでくれています。

## ∞アイヌドレンペ＝憑き神∞

人にはそれぞれ〝ドレンカムイ＝憑き神〟というものが憑いていて、その憑き神の力次第でその人間が幸せにもなるし、もし力の弱い憑き神であればあまり幸せになれないものとアイヌは考えていました。

それを信じていたかつてのアイヌは酒を飲むときでも、杯の上に乗せてある〝ドキパスイ＝奉酒箸〟の先端へ酒の滴を付けて
〝クピリカドレンペ　クノミナ〟

「私のいい憑き神を祭ります」と言いながら左の肩、右の肩、そして頭へという順序で酒の滴を付けてから、本人が杯に口をつけました。

言うまでもありませんが、自分の憑き神がなんであるか自分自身では知る由もないわけですが、運のいいとき、あるいは運の悪いときのことを考え合わせて判断します。

例えば、体の弱い幼子を持っている父親が山から一本の木を持って来て、目の前へ植えて、その木に願掛けをしました。「立木の神よ、この幼子を助けて下さい。この子が元気になったとしたら立ち木であるあなたを、この子の憑き神として一生あなたを守り続けますよ」とお願いをしたところ死ぬかと思った子供が元気になったという話が近くの村でありました。この子供は長生きして九十歳でなくなりましたが、願掛けして植えられた樹は樹齢百数十年で平成十四年現在も平取本町下平取で生きています。その樹は〝シケレペニ＝キハダの木〟です。

私の家の隣に貝沢こきんさんという方がおったものですが、その小母さんが若いときに弟の貝沢勘太郎さんと二人で〝カンカンプドフ＝カンカン沢の沢口〟を歩いていました。すると勘太郎さんが急に立ち止まって、沼の中程を指差して、あれあすこに生きた子牛の頭が見えると言ったけれど、わたくしこきんにはそれが見えなかったと、こきんさんの話でありました。

こきんさんの述懐によると、弟勘太郎は化け物を見たので早死したものだったが、このようなときは憑き物というか、憑き神の強いか弱いかに因って見えたり見えなかったりするのだそうです。この話はこきんさんから私が直接聞いた話ですが、見えたのが良かったのか悪かったのか判断に苦しむどころです。

ちなみに、ユカㇻの主人公であるポンヤウムペという青年の憑き神は〝カンナカムイ＝竜神〟で、ポンヤウムペが動くと雷鳴がとどろき、稲妻が走ると描写されているのです。

昔のアイヌ社会では両親や祖父母が、密かに、お前の憑き神は、などと教えてくれたそうです。大正十五年生まれの私にはそれを聞かされてはいませんが、多分精神のいい憑き神が私には憑いているような気がします。

## ∞ドキパスイ＝奉酒箸とは∞

アイヌ民族がかつて日常的に用いていた祭具の中で、これこそアイヌ民族特有の物、と言えるのは、この〝ドキパスイ＝奉酒箸＝神へのアイヌの願いを伝えて下さる道具〟でありましょう。

私はいままで二十七回パスポートを必要とする旅をして、行った先の国々でなるべく先住民族と称せられる方々とお会いして、数々の民具を見せていただいてきました。しかし、いままで一度もアイヌのドキパスイのような役目の道具を見たことがありません。

日本人の学者が書いた本の多くには、ドキパスイのことが「髪べら」あるいは「髪上げべら」と訳されていますが、それは間違いで、これはアイヌの側からの神に願い事を伝える大切な通信道具なのです。

彫り方にも約束があり、生き物として彫刻するために〝ラムラムノカ＝鱗彫り〟も、前の方へ向けて一方方向に彫ります。お盆のような道具には鱗を向かい合わせに彫るものです。

この道具、幅三センチ、長さ三十センチ前後、表面は好きなように彫刻してあり、裏側の先端には〝パスイパルンペ＝箸の舌〟あるいは〝パスイサンペ＝箸の心臓〟という窪みを付けてあるものです。

この窪みがないと、舌がない、心臓がないということになっているので、よその村へ行って〝カムイノミ＝お祈り〟を頼まれて杯を手にしたら、さりげなくパスイの裏側を見ます。もしも、舌のないパスイであったら、その人の願いは神に伝わらないので、注意して見なければならないのです。

人間の言葉は完璧ではありませんので、神さまへのお願いのお祈りの言葉を、このドキパスイが至らない言葉を補って伝えるものと考えられています。

このドキパスイという道具が昭和二十七年の暮れに我が家から消えたことが、アイヌ民具を買い集めるきっかけになり、ある意味で私の運命を変えることにつながりました。

そのドキパスイは私が子供の頃から父が先祖伝来の物として〝アペサムンパスイ＝火の神へのお祈り〟のときにのみ用いるとて、子供にもさわらせない程大切にしていました。

それを、どの学者かに持ち去られたので、一念発起、よしこれからアイヌの民具は俺が買う、そう決めて五十年近い歳月が流れたというわけで、博物館二館分の物を集め、作ることができた大きな原動力になった物です。それほどにドキパスイはアイヌにとって大切な物なのです。

ドキパスイに代わる物としては、普通のご飯を食べる箸の頭の方を使ってもいいし、それがないときはきせるの雁首を使い、あるいは右手の小指を使うこともありました。

ドキパスイの正式な用い方ですが、杯に酒を入れて、お祈りをする神が目の前の火であれば、最初にパスイの先に酒を付けその滴を数滴火に落とし先の方を火に向けてお祈りをします。向ける神が〝チセコロカムイ＝家の守護神〟であれば立って行って、パスイの先へ酒を付けて神の口の辺りへ付けてから祈り言葉を述べ、山であれば山の方へ、川であれば川の方へというやり方です。

余談になりますが、萱野茂という一人のアイヌが集め作ったアイヌの民具は、人間で言えば氏素性の確かなものなので、文化財として指定するために、日本の国の文化庁がこれら民具を平成十一年から十二年に渡り調査をしに来ました。

そして、平成十四年三月に博物館の物と資料館のが同時に文化庁指定の重要民族資料として指定されることが決定したので、早く三月になればいいなあーと首を長くしてその日を待っている日々です。

その中では、本当に由緒あるドキパスイが含まれていることは言うまでもありません。このパスイにまつわる話として、若者たちが酒を飲んで口論を始めると年上の者が、パスイで頭を、ばしっ、とたたくがこれでなぐられた場合は神からの注意に相当するので、すぐに口論は止めることになっていました。

それと、もう一つ〝パスイパウェトッ＝奉酒箸の雄弁〟といって、杯に酒を注ぎ奉酒箸を手にした途端にこの人がこれ程に、と思うように上手にしゃべる人がいるものです。

私自身は今でこそ物書きめいた仕事ですが、かつては彫刻が本業で、最初に鱗彫りの練習をした昭和二十八年頃は毎日まいにちパスイを彫っていたものでした。

そのうちの何本かが重要民族資料として指定を受ける予定になっています。

かつては一本のドキパスイで神々と対話したアイヌ、平成十四年現在は日本中いや世界中の人々が携帯電話を手にして、公道を歩きながら神々いや違った、誰かと話をしています。大昔のアイヌが現代に生き返ってあれを見たら、俺たちと同じ道具を持った人々が道を歩いているなあーと、思うかも知れません。

何はともあれ、アイヌ民族特有の道具はこのドキパスイともう一つ、魚を獲るための〝マレプ＝回転銛〟の二点であろうと思っています。

## ∞カムイサシミ＝神の落とし胤∞

〃ウゥェペケレ＝昔話〃とか〃ユカㇻ＝ポンヤウンペ物語〃などにしばしば神の落とし胤的な話が出てきますが、どのような筋書きかと言うと、「私はパヨカカムイという病気を撒き散らす神でありました。

ある日のことアイヌの村へ病気を撒き散らすために天の国から降りてきて一軒のアイヌの家の屋根の上に休み、家の内側を見るとそれはそれは、心の優しい美しい娘がいました。あーあ、このように心優しい美しい娘が神の国の女であれば結婚したいものだなあーと思いながらその家の屋根から立ち去りました。ところが、後で気付いてみると、神である私の思い、その思いだけで娘が懐妊してしまい、一人の男の子が生まれました。

神である私の落とし胤であることを知った私はその子供の成長過程を見守り、特別な超能力を与え、村人に災難が降りかかりそうになると夢で知らせるなどをして役立ちました。」

このことをアイヌ語で言うと、

パヨカカムイ
ヤイヌタクㇷ゚　トイカオㇱマ

エヤイヌヌケ　クスアンペ……
病気を撒き散らす神
その思いだけが　大地へ落ちて
それをもったいないと思い
そのために懐妊……

と続きます。神である者が、病気を撒き散らす神であったり、天の国の竜神であるなどいろいろですが、神の落とし子は子供のときは〝チマウシ＝かさぶただらけ〟とか〝ヤイカオクイマ＝寝小便垂れ〟など、わざと不遇であるように見せかけます。
それが、突然超能力を発揮するというふうになっている話が多いものです。

### ∞自分の夢に耳を傾ける∞

アイヌ語には
〝ヤイウェンタラプコカヌ〟
「自分自身の夢に耳を傾ける」という言葉があって、夢を疎《おろそ》かにしないように気をつけます。ときには夢に因って吉凶を判断し災難を避けることができると言います。

実際にあった話ですが、それは昭和十年頃のこと、二風谷の貝沢松雄さんという若者がおり、山の上から馬で材木を引き下ろして来る、馬も人も大変危険な仕事をしていました。ある朝のこと、松雄さんは「昨夜は悪い夢を見たなあー、いつも大切に使っている急須を右足太股の上へ落とし粉々に砕けた夢を見たんだ。本当は仕事に出たくないのだけど」と言いながら馬を追って材木出しの現場へ行きました。仕事場へ着いて間もなく材木と立ち木の間へ太股が挟まれ怪我をしてしまい、病院へ運ばれましたがその右足は切断され、義足をつけて一生を過ごしました。

そのとき村の人たちは、せっかく〝ピリカドレンペ＝いい憑き神〟が、夢で危険を知らせてくれたのだから、その日は仕事を休めば災難から逃れたかも知れないと、残念がっていたものです。

この場合別の言い方があって〝オカシカムイサッ＝それ憑き神がなかった〟などとも言いますが、いい夢、悪い夢、これは本人の判断しかないわけでありましょう。

これは、私の父の夢の話です。私の少年時代に父がウサギの罠を掛けて、ある朝突然、今朝は間違いなくウサギが掛かっているから走れと言います。行ってみると本当にウサギが掛かっていました。

どうして分かるのかと、父に聞いてみると、女の客が家へ来た夢を見たら間違いなく獲物が掛かっているものだ、とのことでしたが、これは狩猟民族独特の勘というか予知夢であったのかも知れません。

さて、アイヌ民族として生まれアイヌ語で育った私萱野茂の勘はと言いますと、夢ではありませんが明日は思わぬところからお金が入る、これはほぼ百パーセント分かります。どうしてかと言うと、背中から肩の辺りが〝ロンロンケ＝チック症〟と言うのだそうですが、肩とか背中がぴくっぴくっと動くので、明日はどこかからか金が入ると分かります。

何はともあれ、昔のアイヌたちは夢を含めて第六感的なものがたくさんあったのでしょう。現在はテレビにラジオに電話に取って代わられ、今の勘は携帯電話かも知れません。

## ∞神からの耳打ち∞

アイヌ語の中で〝カムイイピリマ＝神から耳打ち〟されたという言葉があって、キツネの声、カラスの声、犬の吠え方など様々な形で神との対話がありました。

ときは昭和十三年の秋であったと思いますが、沙流川右岸の畑へ行くために、母と姉と弟らで渡し船のあるところへ行くと、渡し守の金次郎小父さんが母に言いました。

「昨夜は夜いっぱい〝ぺゥレㇷ゚ウッカのチノミシㇼ＝クマの姿岩にある聖地〟からキツネの声が聞こえていた。あれは〝カムイ　イピリマ＝何か心配事があるという神の耳打ち〟だから今日は遅くならないうちに帰って来なさい。」

母は、それを聞いて、「早く帰って来ます」と言いながら畑へ行き、秋の日の短い季節でしたが、早めに仕事をやめて渡し守の小父さんに丸木舟で渡してもらって帰って来ました。

家へ帰って来て少しして日が暮れて辺りが真っ暗になってから、村の上の端の方からウォーイウォーイという〝ペゥタンケハゥ＝危急を知らせる叫び声〟が聞こえてきました。

大人たちは声に向かって一斉に走り、少年である私も一緒に走り、馬のいる家の人たちは馬に乗って足で走る私たちを追い越して、村人全部が集ったかと思うほどの人でした。

行ってみると、カンカン沢の沢口近くの沙流川を馬車で渡った信子という娘と保という少年と二人、川の中程で馬車がひっくりかえり、人間二人は岸辺にたどり着いたが馬は死んでしまったというさわぎでした。

子供心に朝の渡舟場の小父さんの注意が現実のものとなって目の前にあるのを見て、神の耳打ち、神の囁きを信じないわけにはいかない出来事でした。

信子さんは数年前に亡くなりましたが保さんは七十歳過ぎですが元気で暮らしています。

二風谷村を三方から囲む線に〝チノミシリ＝聖地的に考えている場所〟があって、そのどちらの方向からでも、キツネの声、かつては、フクロウの声などが聞こえたら、聞いた者が村人に注意を呼び掛けます。

その三カ所というのは〝ペゥレプウッカ＝クマの姿岩〟〝カンカンレレケヘ＝カンカン沢の右岸の台地〟〝オケネウシ＝沢尻にハンノキのある所〟で、これらを「我々が拝むところ」と言って大切にしている台地です。

残念ながらカンカンレレケヘはダムのために水没して跡形もありません。

## ∞見ても聞いての宝∞

アイヌ語で〝インカラ<sup></sup>イコシンニヌプ＝見た宝〟、〝イヌイコシンニヌプ＝聞いた宝〟、という言い方があり、いいものは、いい話は、見た聞いた、それだけで宝物になると考えます。

昭和二十四年頃の春でしたが沙流川右岸の畑へ行き、夕方家へ帰るべく渡船場へ戻ってくると、何やらわいわい、がやがやと、畑帰りの人が騒いでいました。

ゆっくり近づいて行くと、平村忠吉という小父さんが棒の先にヘビを二匹ぶら下げて来ていて、それを見た人たちが逃げたり、良く見ようと近づいたりの大騒ぎでした。

それは二匹の青大将が交尾していたのを見た忠吉さんは、二匹の間へ棒を通してぶら下げて来ていたわけで、私はちらっと見ただけで急いで渡し舟に乗せてもらって左岸へ渡って帰って来ました。

その話を父に聞かせると、父はぺっ、と、つばを吐きながら、アイヌらしくないことをするものだ、せっかく神さまが忠吉にいい運を与えようとしたものを、神の意に反した行為をするとは、残念ながらいいことは無いであろう。

父が予言した通りに忠吉さんは、一年もたたないうちに亡くなりました。

そこで、アイヌたちは、クマであろうと、シカであろうと、動物の交尾を見ても、見た話を他人にしゃべらないこと、まじない言葉に
〝エチコケゥドムコロナ　エネプンキネヤン〟

「あなたたちに味方するので、私をずしっと守ってね」と言います。

そうすると一生守ってもらうことができて、しあわせになれるものと言われています。

へびの交尾を見たら、今の言葉を言いながら、フキの葉っぱとか草を手折って、そっと二人、いやちがった二匹の上を覆い隠してやると、間違いなく幸せになれるものです。

これは〝インカライコシンヌプ＝見た宝〟を棒に振った実例でした。

もう一つの実例ですが、あるアイヌの若者が二風谷から隣村のペナコリまで行くべく、暗くなってから歩きはじめて、カンカンの坂を登り、俗に言うカンカンの直線にかかりました。

すると、直線道路のずーっと先の方へ何やら金色に光る物が見えて、だんだんと近づいて側へ行って見ると、光っていた物は、アイヌがエンピッキという大きな蚕《かいこ》でした。

それを見たアイヌの若者はこの世の化け物の王を見たかのように、たたきつぶし、つばを吐きかけ、逃げるようにして家へ戻り、外でお祓いをしてもらってから家へ入りました。しかし、この話を聞いた物知りの大人たちは残念がることしきりであったとか。それは、化け物ではなくて、神であったであろうが、見た若者はそれを知らずに殺してしまったというわけです。

この話を聞かせてくれたのは、貝沢こゆきさんでしたが、その後若者は早死してしまったということでした。大正時代の話です。

次は運のいい話です。平成十四年現在も元気で暮らしている人ですが、その若者が、昭和十年代に、〝ウパㇱチロンヌㇷ゚＝白キツネ〟を一匹獲りました。

白ギツネは見ただけでも運がいいのに獲ることができたので、そのキツネの頭骨を神として祭れるようにしたのが私の父、アレㇰアイヌでした。

それを神として祭るようになった松一さんは付きに付いて何をしても儲かることばかり。

昭和十年代後半、金があっても買う物が無かったとき、花札でばくちが流行しました。そのばくちにも勝ちまくって、あの人がいるのならば今夜は行かない、と言われるくらい一人勝ちをしたものでした。

真偽の程は分からないが、ついこの頃も高額な宝くじが当たったとか、とにかく幸せに暮らしています。

## ∞クマ神の現在は∞

平成十三年は、十年振りに北海道でクマに因る人身死亡事故が三件発生しました。

札幌の定山渓の場合は山遊びに行きジンギスカンの食べ残りをゴミとして残して帰って来ました。数日後にもう一度同じ男性が〝プクサ＝キトピロ、ギョウジャニンニク〟を取りながらその場所へ行くと、親子グマがゴミとして残してあったジンギスカンの所にいて、子を守るために親グマが人を襲い、殺されました。

次は道東の釧路の、山に慣れた山菜取り専門の女性の方でしたが、その日に限りうっかりしていつも持ち歩く携帯ラジオを忘れ、出会い頭にぱったり会い、クマが驚いての事故でした。

今一つは私の町の近く門別町倉富での事故、これも人間の不注意で、ごみ捨て場に居着いたクマを撃ちに行った八十二歳の腕のいいハンターがやられました。

これとて人間がクマよ来いと言わんばかりに捨てた生ゴミ、特にこの場合は人間が鉄砲を持ったハンターとなれば、命の遣り取り五分と五分、アイヌはクマが悪いとは言わない、仕方がないなあーと言います。

昨年秋に平取町内でハンターが殺されましたが、殺されたハンターは鉄砲を近くの立木に立て掛け、長さ一尺五寸ほどの紐を口に銜《くわ》えたままで一撃で殺されていたと聞きました。ということは、死んだクマの腹をさいて胆汁を先に取り出し、その胆汁を縛るための紐であったことは間違いないわけで、死んだと思ってクマに近づいたハンター側に油断があったわけです。

ちなみに、登別温泉ケーブル、ヒグマ博物館の記録によると、過去百年の間にクマに殺された人は、百五十人と聞いていますが、年平均にすると、一人半ということになります。人を殺すということはクマにとっても命懸け、人を殺したクマは必ず鉄砲で撃ち殺されています。

クマの側からすれば、あなたたち人間がこの北海道へ住み着く遥か以前からクマである私たちが暮らしていたのだから、後から来た人間が一方的に住処を奪い取った責任が無いとは言えないでありましょう、と言いたいのではないでしょうか。

数年前に然別《しかりべつ》で世界クマ会議があり、カナダの国から来られた方の報告によると、五十年昔は一年に五十件の人身事故がありましたが、現在は一年に一件とのこと。なぜかと言うと、徹底した生ゴミの持ち帰り運動が功を奏したということでありました。

ここで言うのは場違いかも知れませんが、日本国内における交通事故で亡くなる方が年間約一万人と聞いています。その次は残念ながら自殺でなくなる方が三万人以上、死にたくて死ぬ人はいないはずですが、死に追いやったのは誰でありましょうか。みんなで立ち止まって考えてみたいものです。

ところで、一年間人間が鉄砲で撃ち殺すクマは北海道で約三百頭、してみるとクマの害は多いとは思えないので、クマを見たら鉄砲を持って走るのではなく、山で生ゴミを絶対に残さないことが大切で、それがクマに殺される悲しい事故を皆無にする確実な道であることを付け加えるのです。

アイヌが〝キムンカムイ＝神の山〟と言ってクマに対して敬意を払うのは、飲まず食わずの三カ月の冬眠の後、走って歩く子グマを連れて穴から出てくる生命力、神と思わずにいられなかったからでありましょう。アイヌが昔から尊び、敬ってきたクマと共生するために山で生ゴミを絶対に残さないことを、力を込めて声を大にしてもう一度言います。

萱野茂　創作民話

# カムイになったハンカチ

## カムイになったハンカチ

私が物心ついたのは、長野県のずーっと山奥の、とある農家の屋根裏でありました。母の姿を見ると、とても私のような美しい子供を産んでくれるような顔ではありません。もし昔の人が今のように拡大鏡なる物を持っていて、母の顔を姿を拡大して見たら、きっとおかいこさんと呼ばずに化け物と言ったかもしれません。

最初に私の先祖であるかいこを発見し、人間の家の中で飼った人は、うんと歳を取って人間六代も生き抜いた物知りのおばあさんであったのでしょう。

そして、だんだん人間の役に立つ絹という糸や織物の材料になることを知った人々は、私の先祖に天の虫、つまり蚕《かいこ》というありがたい名前を付けてくれたのでしょう。

私は自分の先祖のことを、母の顔や姿を見ていろいろと想像をめぐらせながら、一人前の繭子という女の子として育ちました。そして、私には、兄弟というか姉妹というかが多くて多くて、一人の母から生まれた子供の数は子供の私ではとても数えきれません。

生まれる前からそういう宿命の私たち姉妹はたくさんの仲間とともに、大きい袋に詰め込まれ町の工場へ送り込まれました。

工場ではたくさんの女工さんが待っていて、私たち一人、いやちがった一個ずつをきれいな指先で選び出し、器量のいいのと少し不器量のに分けました。あまり器量がいいと思っていなかった私であったのに、女工さんは私の顔をみてなんのためらいもなく、さっと器量のいい方へいれてくれました。ありがとう、大きな声でお礼を言ったけれど女工さんは忙しさのあまり、聞こえなかったようです。

そして、選ばれた私たちは、人間なら少し熱いと思うぐらいの風呂へ入れられ、きれいにきれいに体を洗ってもらいました。そして美しい女工さんの指先で、目に見えないぐらい細い私どもの体を何本も何本も縒り合わせて絹糸という糸にしてもらいました。

そろそろ、ここまで一緒に来た姉妹も別れ別れにならなくてはなりません。というのも、絹糸という命をもらったとたんに、着物として織られるために織機の上へ並ぶ者や、その行き先はいろいろとちがうからです。

さて、私の行方は、とじっと待っていました。

これはいい器量の糸だ、ハンカチにしよう。

私はうれしくなりました。だって、靴下になるよりずーっといいでしょう。勝手にそう思いながら辺りを見回しました。姉や妹たちはいろいろな方向へ行かされ、靴下になる者や着物にされる者や、それぞれの機械に走って行きます。

私はハンカチを織る機械の上へ上げられ、一本ずつおさに通されぎゅっぎゅっとしめられました。知らない人に教えるのなら、そのしめられかたは、肩が凝ったときに揉んでもらうあのぐらいの強さと思えばいいでしょう。

そのようにいい気持ちで、うとうとしているうちに、私は美しいハンカチとして織り上げられたのです。

改めて自分を見ると美しい姿をしています。ここまで来たら私の母のことを想像する人はもういないでしょう。柄を見ると、三十を少し過ぎた奥さまに似合いそうに思いました。

美しい箱に一枚ずつ詰められ、箱があまりにも上等すぎて私の方が見劣りするかも、と心配するぐらいでした。

いやいや大丈夫だ、私の方が、ずーっといい器量だよ、自分に言い聞かせながら行き先を聞くべく並んで待っていました。腰に手拭いを無造作にぶら下げた小父さんがやって来て、福岡、大阪、どこそこと言うのです。私の前に来た小父さんは、じっと私を見つめ、北海道の札幌、と言いました。

長野県の山奥で生まれ、豊橋の織物工場でハンカチとして新しい生命をもらった私の行き先は北海道と決まりました。

どのぐらいの月日が流れたのでしょうか、大きいデパートのハンカチ売場へ多くの友達と並んで座りました。

毎日大勢の人が目の前を歩きます。最初のうちは人が珍しくて目の前を通る人の顔を、いちいち確かめていましたがそれもあきてしまいました。そればかりではありません。一緒に来た友達が次々と、買われて行ってしまうのです。もしかして、売れ残ったらどうしよう、そんな心配が少し出て来ました。

それがある日のこと、私の目の前へ上品な奥さまが立ち止まり、じっと私を見つめます。きっと買ってくれるにちがいない、なんとなくそのような予感がしたのです。でもなかなか決まらないようです。

ああ神さま、どうぞこの奥さんが私を買って下さるように、と思わず声を出してしまいました。

すると、私の声が聞こえたかのように、その奥さまが私を買って下さったのです。

お家へ一緒に帰ってみると、広い大きなお屋敷で庭までちゃんとあります。高校生のお姉さまと小学生の兄ちゃん、そしてだんなさまの四人家族でした。

私はフランスの高級香水を体いっぱいにしみ込ませてもらい、いつでも奥さまのお供をして外出します。

本の好きな奥さまは白雲会という読書仲間に入っていて、たまたま一緒にあちこちへ旅行することもたのしいことのひとつです。

ある春のこと、沙流川のほとり、二風谷というところへ会の皆さんと行ったのです。それが、私の運命の分かれ道になろうとは神さまも、きっと知らなかったにちがいありません。春の旅行で顔見知りになったアイヌの人から電話が来て、日本一の丸木舟を川へ浮かべるので遊びに来ないかい、という知らせです。私は奥さんが行ってくれるといいのになあと思いました。嬉しいことに、奥さまは二風谷へ行くことにしたようでした。

それはある秋の日の朝早くです。いつものように、フランス香水を私の体にしみ込ませ、ハンドバックの中に私を入れ二風谷へ、その舟を見に奥さまは出かけました。

十時頃に二風谷へ着くと、いつもあまり人がいない二風谷アイヌ文化資料館の前に大勢の人がいます。

電話をくれたアイヌは忙しそうに舟の仕上げをしていて、なかなか奥さんを見つけてくれません。そのうち、ふと、気付いたらしく、いやー遠い所を良く来て下さいましたさあこちらへ、と家の方へ案内しました。舟降ろし祭の食事の準備のため女の人が大勢いてどの人が案内してくれたアイヌの家内なのか、奥さんは分からなくもじもじしていました。

そのうち、おーい、お客さんだぞお茶持ってこい、アイヌが言うと、その家の主婦がお茶を持って来ました。

うーんと、なんだっけなー、お名前は?はい、やなぎさわです。そうそうそうだったっけ、とアイヌは言いました。萱野の家内です。二人はあいさつをかわしました。さあ今日は忙しいお茶はこれまで、とアイヌは外へ出ながら、良かったら仕事を見なさいおもしろいよ、と奥さんに言ったのです。アイヌが今日やる仕事は、丸木舟にサキリという横棒を入れる仕事だそうです。

丸木舟の内側頭の方へ、どっかと座ったアイヌの小父さんは、小さいのみで横棒を通す穴を彫りはじめました。ひとりごとのように、これはませんぼ式といって片方の穴を深く彫り片方を浅く彫るのよ、そして棒の先を先ず深い方の穴へ入れてから、浅い方の穴の奥まで戻す、戻したら深い穴の奥へ物を詰める、ただそれだけ、と話をしながらギュッギュッと棒をきしませ入れてしまいました。さてな、この棒の奥へ詰める布きれがほしい、すまんけどお客さん俺の家へ行って何か布きれをもらって来て下さい。

奥さんはアイヌの家へ行ったけれど知らん人ばかりなものだから、何も言わずに自分のハンドバックを持って戻って来ました。

はて、布切れも入っていないのに、どうするつもり、私はそう思いました。それまで、私は自分が布切れであることをすっかり忘れていたのです。

それなのに、留め金をパチッと空けた奥さまは、こともあろうに私を手の平へのせ、アイヌの小父さんへ差し出したのです。うわーい助けてー、と私はさけびながら手にしがみつきました。

アイヌの小父さんは、私を見て奥さんの顔を見て、いいのかい、やぶってしまうんですよ、と言うのです。奥さんは知っています、という顔をしました。

いやだ、いやだーい、と私が言いました。アイヌの小父さんは、私を受け取って、ああいい香りの香水だ、そして上等な絹のハンカチでしょう、舟の神さまもよろこぶ、と言うのです。

そのひとこと、舟の神さまもよろこぶぞという言葉を聞いてなんとなく、そうかなあと私は思ったのです。

けれども住み慣れたハンドバックの中、そしてやさしい奥さまと別れるのがとっても悲しく、ぽろぽろっと涙がこぼれました。

そうすると、どこからか神々しい神の声が聞こえました。

『ハンカチさん泣くことはありませんよ、私は丸木舟の女神だが、あなたがここでいるのがいやでいやでお家へ帰ったとしても、せいぜい二年か三年で死んでしまいますよ。なぜって、二、三年もすれば奥さまにあきられて、くずかごへぽい、行き先はでっかいごみ焼きのかまの中よ。それよりもサキリの奥へ入りなさい、たぶん何十年いいえ、何千年もきていることができるのです。いやならどうぞお帰り下さい。』

聞いているうちにうれしくなりました。そうか、そうだったのか、私はやさしい上品ないつもきれいに私を洗ってくれる奥さまと別れる決心をしました。

私を受け取ったアイヌは、少しためらったが舟の神さまにそう思わせられたらしく、一人、いやちがった、一枚の私を姉と妹に別れさせてくれました。

そして姉である私を舟の頭の方のサキリの奥へていねいに詰め込んでくれました。妹は舟尻の方です。

この仕事で舟は仕上がりです。しかも私がサキリの奥でがんばっていることによって、舟は内側にすぼまることもなく、いい形美しい姿をいつまでも保っていることができるのです。新しい舟、日本一の丸木舟を見ようと、ぞくぞくと人が集まって来ました。

私はうれしくてたまりません。思わず唄を口ずさみながらいるうちに舟が川まで運ばれました。沙流川へ。

すいと浮かんだ丸木舟はまるで空中に浮いたように軽やかです。おーい乗れるのは三十人だぞー、みんなこいよー。乗り込んできた人の中には私の大好きな奥さまもいます。

私は奥さまに向かって長いあいだお世話になってありがとう、声をかけたけれどざわめきで聞こえたかどうかわかりません。

三時頃まで川で遊んだ人々は、丸木舟を資料館まで持って戻りました。

この舟は桂の木で樹齢四百三十八年、太さ九十八センチ、長さは九メートル近くあり、名実ともに日本一の丸太舟です。

私はその舟のサキリ＝横棒の奥で末永く暮らそうと思いすっかりその気になってしまいました。

奥さまが帰りぎわに走って来ました。そして舟の体にそっと触れ、『舟の神さまあなたに私のかわいいハンカチを上げたのです。どうぞかわいがって下さいませ、そして私にも幸せをお与え下さい』と念じたのです。

それを聞いた舟の女神は、にこにこしながら、きっと幸せを授けましょう、と答えながら、あなたのハンカチにも神の位を与えるのでご安心下さいと言いました。

そのようなわけで、長野県の農家で生まれ育った私は、北海道まで来てアイヌの村の丸木舟の所で新しい役目と神の位をもらい、人目にこそ触れないが、とっても幸せに暮らしています。

と一枚のハンカチが語りました。

# ベレー帽にわらじ履き
## ー妻が見た茂の側面ー

萱野れい子

## 夫・萱野茂との出会い

わたくし萱野茂の妻、萱野れい子は父二谷善之助、母はなの娘、八人兄弟の上から六番目の子として、北海道の南の方にある島、奥尻島で昭和六年八月に生まれました。なぜ、奥尻島生まれかというと、父が当時の北海道庁の測量労働者の測量人頭として、奥尻島に行っており、そこでわたくしが生まれたということでした。

父の口ぐせで、「れい子が生まれたときには奥尻村役場の助役さんの奥さんがお世話して下さったものだ。生まれたときに幸せな環境にある者は一生幸せであると聞いている。だから、れい子は一生幸せに暮らせるはずだ」と言っていたものでしたが、ひょっとするとそれは本当かも知れません。

二十年ほど前に、父がお前が生まれた島へ連れて行ってやるよ、と言ってわたくしを島へ連れて行ってくれましたが、父が亡きあと、いい思い出として心に残っています。

さて、夫、萱野茂との出会いであります。昭和二十年当時、萱野の家は二風谷神社の国道からの入口にあり、その隣がわたくしの姉、あさのが嫁いでいた貝沢市太郎さんの家でした。わたくしの母は、わたくしが九歳のときに亡くなり、あさのは母親代わりにめんどうを見てくれた姉なので、始終行き来していました。

そのようなわけで茂という若者がいることは知っていました。姉はそれとなく茂のことを、いい若者だよ、などとわたくしに水を向けるような言い方をしていましたがわたくしは気にしない振りをして月日が流れました。ただ一度わたくしが十八歳のときに、どういうきっかけであったのか、茂がわたくしの顔をかみそりでそってくれたことがありました。

また、昭和二十一年から茂は当時の言い方でブローカーという行商をしていて、わたくしの兄幸助を誘って函館へ行き、古着のような物を仕入れていましたが、そのときに茂がわたくしのためにといって、ホームスパンの大形の襟巻きを一枚持ってきてくれたのか買ったものか覚えていませんが、その襟巻きがうれしかったものでした。

そして、昭和二十五年の正月に、茂のほうからわたくしをお嫁に欲しいと、正式に媒酌人を立てて来ました。しかし、兄夫婦をはじめわたくしの身内はこぞって反対したということです。

というのは、媒酌人が兄である幸助の所へ来たときにわたくしは部屋で寝ていて、それもぐっすり眠っていて、兄たちが勝手に断ったのを知らなかったのです。

断った理由はいろいろありましたが、その主な理由は、茂の父親が大酒飲みであること、肺結核で茂の兄二人が死んでいる肺病の家系であること、茂の両親を含めて大家族であることなどでした。兄たちは正式に媒酌人が来たことをわたくしに教えてくれませんでしたが、茂からの手紙でそれを知りました。

しかし、わたくしは茂に対して好意を持っていましたし、その印として、ほの暗い手ランプという火屋の無い灯火の明かりで、うでぬきという手首から肘までのカバーを縫って贈りました。茂はそれをよろこんで受けてくれ、早速腕に付けてくれましたが、そのときは心ひそかに兄たちが反対しても結婚してもいいと思ったものでした。

そのように思っているわたくしの心を茂は知ってか知らずか、植林労働者として山仕事に行っているときでさえ合間を見て行商に歩き、たまーに我が家へ物を売りに来るぐらいで、話をする暇もありませんでした。

そうこうしているうちに、昭和二十六年の正月にもう一度正式に媒酌人として、貝沢松一さんがやって来て、このときは、わたくしも眠らないで茂のところへお嫁に行ってもいいと言いましたので、兄たちは反対できませんでした。

日を改めて、一月の中頃に結納金一万円のうち五千円が納められ、残り半分は三月に納めることになりました。三月に結婚式ということに決まり、わたくしは姉の家から花嫁修業の一つとして二月いっぱい和裁や洋裁を習いに通いました。

そして昭和二十六年三月八日、馬橇に乗ってお嫁入りしました。結婚式は花婿茂の家で挙げ、村中の人と言っても五十人ぐらいでしたが、お祝いに来て下さいました。そのときにお祝いの言葉を述べて下さったのが穂坂徹、二風谷小学校の校長先生でした。

そのときの言葉をわたくしは覚えていませんでしたが、後で夫の話によると、「茂さんもれい子さんも人間としては未完成、これから先、お互いを補い合って行くように」と言って下さったそうです。

茂はその言葉を心に大切にしまい込み、何があっても、お互いを未完成人間として、我慢しながら暮らして来たらしいです。

## 結婚生活

さて、お嫁に来たわたくしは、夫の両親と弟や妹、末一、留治、宮子、輝市、わたくしをふくめて八人家族になりました。

夫、茂は結婚式の後、一週間も家にいないで、さっさと仕事先である新冠川上流の宮脇木材部の仙夫《そまふ》として行ってしまい、わたくしは急に大家族の世話をすることになりました。

かぞえ歳二十一歳のわたくしは、新婚間もないのに夫は山の飯場へ行ってしまったうえに、嫁ぎ先には小学生の輝市と中学生の宮子がいて、姑さんは体の弱い人だったので、急に母親役をしなければならなくなりました。

山仕事に行っている茂は何人かの人をまとめる役目もあるらしく、山へ行ったきり一カ月が過ぎ、春の畑仕事のときに一週間くらい家へ戻るくらいですぐにまた仕事に行ってしまう暮らしが続きました。

それが昭和二十七年の春からは川上町大雪山のふもと層雲峡《そううんきょう》の方へ、百人からの人を連れて組頭とかで行ってしまい、春の畑仕事や秋の取り入れにも帰って来れなくなりました。それらの仕事は全てわたくしの役目になってしまいました。

近い所へ働きに行っていても仕事本位の夫はめったに家へ戻らないのに、層雲峡の山奥となれば尚更のこと、春五月頃に山へ行くとお盆までいて、お盆に一週間ほど家にいるだけで、秋まで帰って来ませんでした。

そのうちに長男得豊が昭和二十八年九月に生まれましたが、そのときも夫は層雲峡の山奥に働きに行っていて、今のように電話があるわけでもなく、そのうえ舅が書いたはがきを輝市が出し忘れて、長男の出生もしばらく後になって分かるという具合でした。なんとも不自由な時代でした。

酒好きの父と舅は、少しのお金でも仲良く酒を買って来て飲み、酒を飲む度毎にわたくしにドキ＝杯を出させてカムイノミ＝神にお祈りをしていたものでした。わたくしはそれが本当にいやでいやでたまらなかったものです。それは昭和二十七年から三十年の頃のことでしたが、夫がどういう風のふきまわしか、アイヌの風習を大切にするようになり、一生ドキ＝杯との付き合いは続いています。

## 夫の転職

始終留守になる父親にたまに会うと、子供が這って逃げるという具合で、それを見た夫は家にいてできる仕事として、アイヌ彫刻を始めました。

それは昭和二十八年頃からのことで、最初は売れる物を作れず、お金に困ると樵仕事、彫刻半分山仕事半分という生活でした。昭和三十四年春頃からはどうにか彫刻だけで生活ができるようになりました。

それまでは畑を少し耕作していましたが、畑は手間ばかりかかって秋になると少しの収穫物も肥料代として消えてしまいます。それを見た夫はあっさり畑は止めてしまいました。畑を止めたらわたくしも自由になったので、当時村中の女性がこぞってやっていたアットシ織りの技術を身に付けました。アットシ織りは貝沢澄子さんに教えてもらいました。

その頃、茂は何を思ったか、和人の興行師に誘われ、本州の方へ何カ月もの間も行ったまま帰らないことがありました。そのころから世の中を見る目ががらりと変わったようでした。

というのも、昭和二十六、七年まではアイヌ文化が何だ、アイヌ語が何の役に立つものかと見向きもしなかったのに、急に思い直したようにアイヌ文化全般に目を向け始めたのです。そして手始めにアイヌ民具を買い集めて、樵仕事で取ったお金や、アイヌ細工で取ったお金のうちから生活費のほかは全部民具を買うお金に回されてしまいました。

わたくし自身はアッㇱを織る仕事をしていました。それほど家計の足しになったとは思いませんでしたが精一杯手助けをしたつもりです。

そのうちに、昭和三十一年二月舅である茂の父アレㇰアイヌが病気で亡くなりました。お葬式は完全にアイヌの風習でしたが、アイヌ風の葬送は位牌も残らないあっさりしたものでした。

昭和三十四年樵仕事を辞めた茂は家に居るようになり、彫刻仕事に熱中し、昔の家は寒かったので、家の中でする仕事なのに綿入れの手甲を付けて、手首を暖めながら彫刻をしていました。彫刻の腕が少しは上がったらしく、札幌の青盤舎とか、登別温泉の玉川商会とかに作品を売り、それがご縁で登別温泉玉川商会の側へアイヌの家を一軒建てることになりました。

その小さなアイヌの家を登別温泉ケーブルの会社が買い取り、昭和三十六年にロープウェイで登るクマ牧場へ移設しました。

ここでまた思いがけない方向に発展してしまい、茂が、登別温泉ケーブルの社員として昭和三十六年から四十二年まで夏の間だけ登別温泉へ行って働くことになりました。
二十八年に長男得豊が出生、三十年に長女直枝が生まれ、三十三年に次男志朗が生まれ、子供と夏の間だけとは言いながら別居生活、父親が家にいるのと、いないでは子供たちの動きが全然違うものでした。

その間、かねてから欲しがっていたテープレコーダーを昭和三十五年九月に買い求めて、古い民具買いばかりではなく、少しの金があればユカㇻや昔話を録音しに行ってしまうようになりました。

わたくしは正直言うと、人が投げるような古い民具に高い金を出し何の役に立ちそうもない録音に走り回るくらいなら、その金で人並みの家を建ててくれればいいのになあと思いました。

昭和三十六年の秋、トタン葺きにするまで我が家の屋根はアイヌ風の萱で葺いた段葺き屋根でした。辺りの家は次々とブロック建てとかに変わるのに、萱葺き屋根を恥ずかしいと思ったものです。

子供たちにテレビを買ってやりましょうと言うと、萱の屋根にテレビのアンテナか、ベレー帽を被ってわらじを履いているみたいだ、そんなことは駄目だと、取り合ってもくれませんでした。

そう言いながら、何万円ものアイヌのししゅう着物を次々と買い、録音に金をかける。しかし、他のことに使うのではなしに、ひたすら、録音と民具を買いに走ります。酒もたばこも賭け事も、別に道楽も無いらしく、生活費には困らないので、じっとがまんをして見ていたものでした。

そのうちに弟たちが家の様子を見ていられなかったようで、兄の所へは多くの人が来るのにこの家が今のアイヌの家だと言われたら恥ずかしいから立て替えるように、と言われました。

そこで昭和四十二年にブロック建ての家に新築したのですが、そのとき夫は、この家を建てるために支出した百二十万円、これで録音しておいた方がずーっといいのになあーと、独り言を言っていたものです。

家が新しくなってから、テレビを買いましたが、ベレー帽にわらじ履きではなしに、ベレー帽に革靴になったと思ったことでしょう。

昭和四十二年いっぱいで登別温泉ケーブルを退職、そのときにわたくしは困ったなあーと思いました。というのも、それまではきちんと給料が入っていたのに、それが無くなったらどうしようと不安になったからです。

しかし、本人はあまり気にしていないらしく自由の身になったとばかり、彫刻仕事に精を出し、わたくしが案じたほど困りもしませんでした。

## アイヌ民芸品店

しかし、昭和四十二年春の町会議員の選挙のときは本当に大変でした。

わたくしの実の姉のふみの連れ合い貝沢松太郎さんと、わたくしの従兄弟《いとこ》である貝沢正さんが立候補、貝沢正さんの選挙責任者は茂ということになりました。

片や姉の亭主、片や従兄弟、その責任者は夫である萱野茂、わたくしは一歩も動けませんでしたが、男のやることと、じっと見ているしかありませんでした。

幸いなことに二人とも当選してホッとしましたが、あのときの気苦労は誰にも言えない辛いものでした。その後は貝沢正さんと、茂との二人三脚が始まりました。

一流の観光地登別温泉クマ牧場で修行して来た茂は、じっと二風谷村の様子を醒めた眼で見つめ、何が必要かをじっと考え、その手始めに自分たちが作った物を目の前で売る場所をと、国道沿いにみやげ屋を建てたのです。

それは昭和四十四年日勝道路が開通した年であったと思います。二風谷における本格的なおみやげ屋の走り、一棟四店舗で名称もアイヌ民芸店と、はっきりアイヌを表に出しました。店を建てる以前はそれぞれ作った物を背負って旭川とか札幌などへ行っていたものでしたが、それをしなくてもいいことになり、それはそれは画期的なことでした。

作った物を目の前で売れることになった夫は楽しくなってか、夜も昼もという言葉通りに、お盆などいろいろな物を、日中は国道沿いの萱野工芸展の店先で、夜は家で彫刻をしていました。

クルミの木の板を、大工であったわたくしの父善之助がお盆の形にすると、その内側に彫刻するという具合で、作った物は足りないほどに全部売れたものです。

わたくしはアッドシを織り、夫はお盆を彫り、子供たちがその回りを走り回るという、かつては樵で山の中の飯場暮らしやら、観光アイヌとして留守がちであった時代から見ると理想的な生活でありました。

## 二風谷アイヌ文化資料館

そのうちにまたしても貝沢正さんと新たな動きを始めました。

作った物を売る場所はやや整ったけれども、来て下さった客に見せる物が無ければ素通りされてしまいます。

そこで、足を止めるには何が必要か考えました。幸いなことに夫が買い集めたアイヌのかつての生活用具が山ほどある、これらの物を展示できる建物を建てよう、ということになりました。

昭和四十二年四月、平取町の町会議員になった貝沢正さんと連携を取りながら方々に働きかけ、昭和四十七年六月、二風谷アイヌ文化資料館を開館することができました。

妻であるわたくしが書くと数行ですが、正さんと夫は札幌とか東京とか、寄付をお願いに走り回っていたことを良く覚えています。

そのときに大口の寄付集めに力を貸して下さったのは当時日本ソーダの社長さんで、山田秀三さんであったことを何回も聞かされて忘れることのできない名前になりました。

開館当時の展示品は百六十種類二千点でしたが、開館後二十年を経た平成四年には三百四十種類数千点に展示物を増やすことができました。

男性の作る物は夫が作り、女性が作る物はわたくしが作りました。これらについては、わたくしも多少役に立ったのかも知れません。

その後、展示物は平取町へ引き継がれ、平取町立二風谷アイヌ文化博物館として平成四年四月に開館しました。

一言付け加えますが、札幌の誰それのアイヌコレクション、その物の行方を見ると代が代わると物が散逸するのを見聞きしていた夫は自分の子供たちを信用しないわけではないがと、平取町へ寄贈したのでしょう。

平成四年平取町立博物館へ展示物を移した後の資料館は引き続き個人で運営することになり、博物館をアイヌ専門、資料館もアイヌ物では本家争いになりかねないと考えたようです。そこで、古い方の二風谷アイヌ文化資料館を、萱野茂二風谷アイヌ資料館と名称を変え、副題にアイヌと世界先住民族民具展示としました。

夫婦の作品で館を埋めようということで、夫は、今年七十四歳という高齢にもかかわらず大型のお盆を彫り、手の込んだたばこ入れを彫刻しました。その二点を展示し、うれしそうな顔をして、また二点増えたぞ、と満足そうでした。

わたくしも負けてはいられないと、シャケの皮の揉み皮を着物一枚分手に入れたので、冬の間に縫い上げる予定にしています。

古い館は五十坪でしたが、それに百五十坪増築し二百坪になりトイレを水洗にし、暖房も入れたのでお客さんに不便をかけずに済むでありましょう。

これら増築に必要とする経費も借金嫌いのあの人は金を借りることをしないで、手持ちの金の範囲内での仕事でしたが、それというのも少年時代に父の所へ来た借金取りの恐ろしさが忘れられないからだそうです。

村を愛する心というか、地域に根差した生き方というか、彼自身生まれ育った二風谷という寒村をどうしたらいいのかという思いが夫には常にあったようです。

昭和五十五年頃でしたか、二風谷小学校を平取へ統合する話が持ち上がりました。

平取町教育委員会の言い分は廃校の跡地へ立派な保育所を建てるというものでしたが、学校統合に反対の立場で立ち上がった彼は、持ち前の先見性と実行力で二風谷保育所建設期成会を結成しました。

会長になった会合の夜に、俺が五百万円を寄付するぞ、この金は飲んでも食ってもガソリン代、何に使っても文句は言わない、みんなで力を合わせて学校を残しましょう。

家へ戻ってきて、わたくしに一言、保育所を建てるために五百万円寄付することに決めてきた、明日信金から金を下ろして、郵便局に口座作って会計の松沢俊幸さんの所へ持って行け。

二十年以上前のこと、五〇坪ぐらいの住宅なら二軒は建てられる金額、それをわたくしには事後承諾もいいところ、こう決めましたという具合でありました。

しかし、その金が呼び水になって保育所が建ち学校統合されずに、二風谷小学校も新築され、その保育所や小学校へ孫たちも通うことができたのです。この一つを見ても先を読める人だなあー、と思っています。

保育所が建ち小学校が新築され、資料館と博物館があることで、観光のために来た人たちが、ここはいい所だと、次から次と移り住んで、平成十二年十三月現在の二風谷の戸数が百六十戸と聞いています。

夫の話によると、昭和十四年の戸数五十五戸というので、この六十年間で百戸も増えて、二風谷に限り過疎と花嫁不足はまったくなし。観光に来たまま二風谷の若者と結婚する娘が多いからです。これというのも資料館と博物館があるからでありましょう。

## 町会議員から国会へ

貝沢正さんが二期八年間平取町の町会議員をしていましたが、三期目の昭和五十年春、立候補を固辞し、やむを得ず夫が立候補させられ幸いにも当選はしました。

そのときに夫が町内を選挙カーで回って何を見たかというと、農家の庭先で放置されてある古い農機具であったとか。当選後一週間目に甥である平村勝二のトラックを頼み全部買い集めて歩くといった具合でした。

本人の言葉を借りると、「古い農機具の神さまたちが助けに来てくれという意味で、俺を町会議員候補にしたのであろう」ということでした。あれから三十年近い年月を経過、当時買い集められた農機具たちは風雨に晒《さら》されることもなく収納庫の中にあるのを見ると、夫が言った言葉、神さまが助けに来てくれと言ったという話、本当であったのかも知れません。

その町会議員を五期十七年数カ月勤めるとは夢にも思いませんでしたが、平成四年七月まで勤めることになり、そのうえ、平成四年一月に国会議員にと話が進みました。

当時の社会党から立候補の要請を受け、三月に立起表明それからは自宅にいる時間がほとんどなく、東京から関西、沖縄まで行っていたらしいです。

その選挙運動中に過労で倒れて六月末に入院。そして、七月末の投票日、次点落選と決まりました。たった一人で留守番をしていたわたくしは、やれやれ、やっと終わったなーと思いました。

八月に退院して来た夫は元気で、悪びれたふうもなく、これで自由の身になったというような顔をして、その年、平成四年いっぱいはゆったりと静養していました。

次の年平成五年からは、夫が家にいることを知った方々から講演依頼が次々と来て、町会議員時代より忙しく、正直言うとお金もうんと入ってくるようになったものです。

さきほど言いました資料館の増築もでき、民具を彫ったり、それはそれは久しぶりに思いのままの仕事をできると、毎日毎日が充実した日々を送っていたようでした。

平成六年七月十七日の夜のことでしたが、その日に大阪の人権博物館から数百万円分のアイヌの民具製作の依頼があり、館の増築も終わった日でした。夕食後にわたくしが独り言のように、健康になったし資料館の増築も済んだし、今なら国会議員になってもいいかも知れないよね。

わたくしがそう言っても夫は返事をしないで聞き流していた次の朝、東京社会党の本部から、繰り上げ当選の電話でした。前夜のいたずら半分の言葉が本物になったのです。

そういうこともあるんだねー、わたくしが言うと、それはカムイイタクテといって神さまは口があっても人間に直接しゃべれない、そのときは人の口を借りていうものだよ、と言っていました。

今考えても不思議に思うことの一つです。

その降って湧いたような話、国会議員に繰り上げ当選の知らせを受けた三日後には、わたくしは入院しなければならないかと思うほどに疲れてしまいました。

その様子を見ていた夫は一言、「国会議員には俺がなるんだぞ。お前はいままでと同じにかすりのもんぺに長沓で畑の草取りをしていればいいのだ」その言葉でそうだったと気がついたのです。言われた通りにもんぺと長沓で畑に立つと、嘘のように元気になり、大勢の人たちが取材やら、お祝いやらに来て下さったが、わたくしは以前と同じにお茶を出すだけにしました。

繰り上げ当選とて、彼は参議院議員として東京へ単身赴任、わたくしは東京へ行きたくないので行かない理由に、ペロとポチ二匹の犬、五人の孫の面倒を見ると言い、冬は水道が凍るからと言いながら行きませんでした。

夫は、最初のうち大きいボストンバッグに洗濯物を入れて持って帰って来ましたが、わたくしが上京して洗濯機の使い方を教え、それからは自分で洗濯をするようになりました。それまでは靴下の一足も洗ったことのない人が、身の回りのことを自分でしなければならなくなり、やっとこ、わたくしの手をはなれ大人になったような気がしたものでした。

国会での仕事は滝口旦さんと小林順子さんという二人の秘書が居て下さったし、地元秘書は次男の志朗がいたので、まったく心配はありませんでした。

平成十年七月東京から戻って来てからは好きなように講演に出歩き、原稿を書き、あるいは自前の館の展示物を作り、文字通りに夫婦の作品で館を埋めようとしています。

## 生い立ち

さてこの辺で、茂の生い立ちについてふれます。昭和二十六年三月に結婚してから丸々五十年、これまで厭きるほど聞かされてきた話です。

茂は大正十五年六月、この地、二風谷に、父アレㇰアイヌ＝日本名清太郎、母はつめの間の九人兄弟の四番目の子として生を受けました。

茂の話によると、生まれたときに父方の祖母てかってがおり、幸いなことにというか日本語をまったくしゃべれなかったので、祖母との会話は完全にアイヌ語ばかりであったそうです。

祖母は百歳までも長生きしてくれて、昭和二十年一月に亡くなるまで一緒に暮らし、今にして思うと宝物のようなアイヌ語が祖母の口から茂の耳から頭へ移され、受け継がれたわけです。

少年時代の家は屋根は萱葺きでストーブではなしに囲炉裏であったとか。この囲炉裏がアイヌ的な生活に欠かすことのできない存在であり、火を神と教えられるために役立ったと聞きました。

兄弟は多いが父親は酒飲みでお金を稼ぐわけでもなく、茂の言葉を借りると五十戸ほどの村内で、一番の貧乏であり、困る母が父に文句を言うと夫婦喧嘩になってしまったそうです。

夫婦仲の悪い両親を見て夫が考えたことは、自分の時代になったら絶対に夫婦喧嘩はしないこと、これも茂の生き方の一つで、わたくしと結婚して以来、思い出せるような夫婦喧嘩をしたことはありません。

それでも、茂が言う父親評は悪い面ばかりではなく、アイヌ的なあらゆる行事に手を引いて連れて行ってくれたこと、それらのことが現在の彼の書く文章の随所に現れています。

今にして考えてみれば、茂の父がもし酒も飲まずに普通の父親として働き、一緒に歩きもしなかったとしたら、他のアイヌ民族家族のようにアイヌ語を禁じられていたならば、現在の萱野茂は存在しなかったでありましょう。

してみると、ある意味では酒好きでアイヌプリ＝アイヌの風習を人一倍知っていた父の元で育った茂は幸せ者であり、そのお陰でアイヌ文化が言葉が後世に残ることになったわけではないでしょうか。

何はともあれ、赤貧洗うが如し、という言葉は後々知った言葉であろうけれども、それがぴったしであったとは本人の口ぐせであり、わたくしはその苦労は知らないのですが、本当に大変だったらしいです。

そのような暮らしの中で、祖母てかってが語ってくれるウゥェペケレ＝昔話や、母はつめの愛情を心のよりどころとして生きて来たということです。

母の教えの言葉として常々茂が口にする言葉のうちに、アイヌネノアンアイヌ　エネプネナアニー、というのがあります。

この意味は、人らしい人、人間らしい人間になるんだよ、ということでアイヌ民族社会では大変大切に大切にされている言葉であり、アイヌという言葉を二つも三つも重ねて言ってもらえることを誇りに思うものだそうです。

それが古い時代は大切にされていた言葉も、ある時期から悪口にすり替えられ、和人社会では禁句とされ差別用語になったとかで、アイヌ自身も口に出すことをためらうようになってしまいました。

しかし、元々はとてもいい言葉なので、彼がものを書く場合や講演の冒頭にはこの意味から書き始め、あるいは言い始めるので少しずつ理解され始めたようですが、アイヌ自身の内側でも今一歩アイヌという言葉を口にすることにためらいがあるらしいのです。

それから、母の思い出として言う話の中に、橇《そり》遊びをしてすっかり冷たくなった両方の手を、母は着物の襟の胸元を開いて両方の手をオッパイにさわらせてあたためてくれたことがよくでてきます。今の子供たちは着る物が良くなり過ぎて、母親の愛情であるオッパイのあの温もりを知らないことは、不幸だ、これも茂の口ぐせです。

昭和八年四月二風谷小学校入学、十四年三月卒業、四月から当時の浦河営林署の造林労働者として働きに行かされ、日当一円三十銭、食費が一日二十七銭であったそうです。

小学校の思い出で、四年生ぐらいのときの夏休みに、カバンが見えなくなり、半年間欠席したことがあるそうです。これは年老いた祖母が茂のカバンを何かと間違ってつづらの中へしまい込んであったというわけでした。

つい一カ月ほど前に必要なことがあって二風谷小学校卒業証明書を取ってみると、四年生のときに百日以上欠席と記されてあり、やっぱりと本人が苦笑いしていたのを横目でわたくしは見ていました。

小学校を押し出されて一週間後には造林労働者として、山の飯場に行くのですが、苗木を植えるのに、いい苗木をわざわざ深く穴を掘って埋めることを教えられ、大人に対しての不信感を抱くようになったそうです。

それに比べて測量労働者時代はアイヌ民族出身である坂本三太郎さんの物知りであったこと、樹木の名前を六十種類、日本語とアイヌ語の両方で教えてもらい大人は偉いと心ひそかに感心したものだそうです。

本人が言うには、俺の頭は不思議なことにアイヌ語だけは一回聞いただけで必ず覚えることができたが、日本語で文章を書くのに漢字を覚えられないのは、かなり頭が悪いのであろう、と。

言うまでもありませんが樹木の名前などは二度と聞く必要はなかったとか。しかし最近は、アイヌ語を一回で覚えることができたその頭も、七十歳を過ぎたらもう駄目だとぼやいています。

その後は北海道庁の測量労働者に夏の間だけ行って、冬の間は炭焼き仕事などをしていたそうです。

昭和十二年の日中戦争、昭和十六年十二月からの太平洋戦争と、その頃の日本の国は戦争一色であったわけです。欲しがりません勝つまでは、を合い言葉に、食うに食無く、着るに衣は無く、本当に不自由な生活でありました。

昭和十九年十一月平取村内長知内《おさちない》沢の炭焼き仕事を辞めて一家が二風谷に戻って来て間もなく、昭和二十年一月最も大切なアイヌ語での話し相手だった祖母てかってが亡くなったそうです。

祖母の死によって茂の目の前からアイヌ語がすーっと消えてしまったかのようで、父や母もアイヌ語を知っていてしゃべれますが、日常的なものではなかったそうです。

昭和二十年五月から八月の終戦までは室蘭の八丁平という所で挺身隊員として徴用されて、飛行場を作るための土方仕事、履物が無いのではだしでトロッコ押しをしていて、八月十五日終戦を迎えたそうです。

## 名字は借り物

ここで彼の名字のことですが、本当は貝澤清太郎が実の父親なので貝澤という名字になるはずです。

実はこの名字の話を一つ取って見てもアイヌ民族としての痛みが加わっているのです。そして茂自身、萱野という名字にずいぶんこだわっていたらしいのです。

なぜかというと、父親清太郎が主食であるシャケを獲って密漁の廉で何回も逮捕されました。それを気にした父親は茂が生まれたときに、前科者の子供として届けるのを避けるために実の姉の嫁ぎ先である萱野の名を借り、萱野うたあしかを母に、萱野コワワッテを父として入籍したわけでした。

少年時代、そして青年時代に名字のことで父親をなじり、父の真意を理解するまではしばらく時間がかかったものだと、本人は顔をくもらせながらわたくしに聞かせてくれたものです。いろいろな仕事をするようになってからは、今更貝澤に戻っても仕方が無い借り物の名字で一生暮らすことにしよう、とは言いながら、本当の名字にこだわっていないと言ったら嘘になるでしょう。

## 文筆家・萱野茂

ここまでは少年時代をふくめて古い話をおおざっぱに書き記してきましたが、昭和五十年からこちらの、物書きらしい仕事に変わった話に移ってみたいと思います。

本人が書く文章の中の年月日の正確さは何にあるかと言うと、昭和二十一年五月から毎日五十数年間書いてきたという日記にあるはずです。

しかし、入院のときは日記を付けません。そのわけを聞いてみると、神さまがくれたお休みだから何も考えないで頭の中はからっぽにするためだそうです。だからでしょうか、いままで大きな病気を五回か六回していますが、生きて帰れるだろうかと思うような大病でも、思いの外早く治って退院して帰ってきてくれました。

昭和五十年春からの平取町の町会議員など忙しい間の間隙を縫うように原稿を書いているのですが、朝は九時近くに起きて来てどんなに忙しくても一通り新聞に目を通し朝ご飯は十一時頃になります。

昼飯は四時頃、その後は五時から昼寝ではなく、夕寝とでも言いましょうか、八時頃まで書斎で寝ているようです。夕寝から起きると夕ご飯を食べて書斎へ戻ります。それから夜中の一時頃まで原稿を書いているらしく、寝るのは夜の二時が普通です。

原稿書きばかりではなく彫刻をしている場合もあるようですが、わたくしが書斎へ入ることはめったにありません。入っても一年に数回でしょうか。あるときに書斎へ入って壁に張ってある物をちらっと見ると、「仕事がどんなに重なって来ても、今できることは一つしかない」と書いてありました。ひょっとすると彼の座右の銘かも知れません。

## ライフワーク

昭和二十七年暮れからでしょうか、アイヌ文化やアイヌ語の大切さに目覚め、働いたお金をアイヌ民具の収集と録音に使って、やがて五十年になろうとしています。

内助の功という言葉には程遠いことは知っていますが、わたくしも多少の支えにはなってきたかと思います。一緒に暮らしてもあの人の根のいいことにはおどろきであり、こうと思ったら、それに向かって真っしぐらに進む人です。

萱野茂という道楽アイヌが二風谷村に生まれ育ったことによって、戸数二百戸足らずの村に博物館が二館あって、二つの館で年間五万人以上の観光客が来て下さるのです。

二館分の展示物を国が重要民族資料として指定するべく、平成十一年から十三年年に渡って文化庁が助成し、調査が終わって平成十四年の春に指定が決定されるそうです。

これら展示物の価値は一人のアイヌが半世紀に渡って収集し、何時、何処で、誰が作り、誰が使っていたかがはっきりわかるからこそ価値があるとか。

何はともあれ、国が指定するということで、収集した彼はもちろん、女性の仕事はわたくしが作った物もふくまれているので、心ひそかに喜びを隠しきれない日々です。

平成十二年には、北海道功労賞を受賞し、本人、そして妻であるわたくしも、北海道ではこれ以上の賞はないと聞き、うれしさでいっぱいです。

いいことが続いて、北海道新聞文化賞をいただき、地元平取町からは名誉町民という称号を夫は頂戴したのです。

本人は、俺も歳だからかな、と言いながら、これらの賞を受賞できたのもいままでたくさんの話を聞かせて下さったエカシやフチたちのおかげだと言い、自分の仕事が報われたことを心から喜んでいるようです。、

昭和三十五年九月から録音を始めて約四十年、今年の秋も静内町のクマ狩り名人淵瀬正美さんの所へ録音に行き、千歳市の姉ヶ崎等《ひとし》さんのクマ狩り名人の話を聞きに行くなど、いい話を聞いて来たとよろこんでいます。

数日前に鵡川町花岡という所の方から電話が来て、古い漆塗りのシントコ＝行器があるので買って欲しい、その電話を受けるとはじかれるようにして行って買って来ました。

録音であっても、古物買いであっても、本人は死ぬまで止めないらしいのです。

静内へ録音に行き、帰って来たときの活き活きした顔、久し振りでいい話を聞くことができたよ、とわたくしに聞かせてくれました。

いままで録音したテープが七百時間を超え、そのうち本にしたのが三十時間と少しとか。

本人が言うのには宝の山から頭を出しているようなものだということです。

これから先もこの録音テープの中からいい話を選び出してたくさんの本を書きたいと言

っていますが、歳が歳なので側にいる者としては、はらはらしながら見ているだけです。

今、彼がやっている仕事は、金成マツ筆録、萱野茂訳注、ユカㇻシリーズの第二十四巻の訳をしているはずです。これは北海道教育委員会から発行されていますが市販はされていません。

このユカㇻノートは、金成マツさんが昭和二年から昭和二十二年までの二十年間、東京の金田一京助先生の所へ書き送っていたものです。そのうちから九冊出版された時点で京助先生が亡くなりました。

訳を萱野茂が手伝っていたのがご縁で、出版された残りのノートを貰い受け、北海道教育委員会が経費を出し、次男の志朗と二人で遂語訳と意訳を付けているのです。

何はともあれ、夫がアイヌ文化に拘《かか》わって約五十年の歳月が流れ、その間にわたくしが生活費に困ったなあーと思ったのは、昭和三十六年夫が過労のために病気入院三カ月、そのときだけでした。その年は小学校に入学する長女に着せるセーラー服を買うお金に困りましたが、その一回だけでその前後は生活費を困らせられたことは一度もなく幸せに暮らさせてもらっています。

思いがけなく夫のことを書くことになりました。振り返ってみると、思いの外大きい仕事を、そして足跡があることに気付きました。

しかし、意を決して取り組みましたが、知り過ぎているだけに、あれもこれもと思いながら、やっぱりペン先がにぶりました。

## 言い続け、書き続けることが持ち味のアイヌ

おしまいに北海道功労賞授賞式に萱野茂が言った言葉、たくさんの副賞をいただきましたが、あと一つ、ウタリ協会会員一人につきシャケを一匹ずつ捕らせて下さいとお願いをしました。

萱野茂が考えているその根底には、シャケを獲ることを日本人によって禁じられ、アイヌ民族が主食を奪われ塗炭の苦しみに落とされた怨みが込められているのであります。

本人の名字の由来から、少年時代に父がシャケを密漁したと目の前で逮捕され、泣きながら父親の後を追いかけた経験を忘れていないからであり、食文化継承のためにシャケに執念を燃やしているからこその発言でありました。

堀達也知事を始め、北海道議会議長さん、道庁の幹部が揃って居られた目の前での言葉、ひょっとすると、何らかの形でいい返事があるのではなかろうかと本人は期待しているらしいのです。わたくし、一緒に聞いた者としてウタリ協会会員一人につきシャケ一匹、本

気でご検討下さることをお願いしたいものです。

昭和五十年に一冊目の本を出版させてもらって以来、平成十二年も四冊の本を出版。合わせて市販されている本は五十冊近くに、ユカラシリーズをふくめると七十数冊になったようです。

これから先も夫である萱野茂は、アイヌ文化との道行《みちゆ》きを続けるでありましょう。それを陰から支えることを役目と思い、三度の食事の用意だけを怠らないことにしています。

アイヌのイタクタクサ―言葉の清め草―

二〇〇二年　一月二四日　印刷
二〇〇二年　二月一六日　発行

著　者　萱野　茂

編　集　小川史乃
発行者　高橋国博
発行所　株式会社　冬青社
東京都中野区中央五―一八―二〇
電　話　〇三―三三八〇―七一二三
ＦＡＸ　〇三―三三八〇―七一二一
郵便振替　〇〇一三〇　三　一三五一六一

印刷・製本　株式会社シナノ
Printing trade　外山勝崇

落丁・乱丁本誌お取り替え致します。

ISBN4-924725-94-3　C0039
価格はカバーに表示してあります。